齋藤孝の一気読み！日本近現代史

齋藤孝

東京堂出版

はじめに

ドアをこじ開けられて

世界史的に見ても非常に研究価値のある稀有《けう》な物語、それが日本の近現代史です。欧米が二〇〇〇〜三〇〇〇年もかけて歩んできた近代化の道を、わずか半世紀で踏破。圧倒的な白人優位社会の中、極東に位置する有色人種の小国が、欧米列強と肩を並べるまでに急成長したわけです。

これほどの変貌劇は、世界に類がありません。また、その後の戦争とそれによる壊滅的な打撃、戦後の急速な復興というプロセスもまた、世界史的にはきわめて珍しいと思います。

ところが、私たち日本人自身が、こういう近現代史をどれだけ理解しているでしょうか。

学校の授業では、縄文時代から江戸時代ぐらいまでは詳しく教えるのに、明治以降となると学年末になって駆け足で流すだけ、というのがよくあるパターンです。その結果、例えば太平洋戦争に至る経緯さえ説明できない人も少なくありません。

現代日本の国際的な立ち位置にも通じる波乱万丈の近現代史をよく知らないとすれば、それはたいへん残念なことだと思います。

そこで、その〝知識の空白〟を一気に埋められるようにと思い立ったのが本書です。

そもそも日本史は、明治維新を境に様相がガラリと変わります。江戸時代までは、良かれ悪しかれ主に国内事情だけで動いていました。中国との関係は比較的緊密でしたが、他国からの侵略の脅威に晒《さら》されたり、圧力を感じたりするほどではなかった。せいぜい鎌倉時代の元寇《げんこう》ぐらいでしょう。

特に江戸時代の約二六〇年間は天下太平の世で、庶民の多くは住む場所も変わらず、職業も変わらず、ほぼ同じ営みが繰り返される平穏な日々だったと思います。貧しいながらも、当時の日本人はそれなりに幸せな人生を送れたのではないでしょうか。

ところが幕末、鎖国を解いたことにより、いやが応にも国際社会の力関係がひしめき合う荒波に放り込まれます。その中で生き残ろうと必死にもがき、もがきすぎて国際社会から強烈な鉄槌《てっつい》を食らい、さらにもう一度奇跡的な復活を遂げる。これが日本の近現代史の特徴です。

きっかけは、周知のとおり一八五三年（嘉永六年）の黒船の来航でした。これはアメリカが日本のドアをノックしたというより、欧米列強がアジアのドアを蹴破ろうと迫ってきたという感覚に近い。少なくとも当時の幕府要人は、そんな危機感を抱いていたと思います。

闇雲に恐れていたわけではありません。すでに隣の中国が、欧米列強の苛烈な洗礼を浴びていました。それが一八四〇～四二年のアヘン戦争で、これによって香港があっという間にイギリスに割譲されます。その姿を目の当たりにすれば、幕府が「明日は我が身」と戦《おのの》くのは当然でしょう。

こうして好むと好まざるとにかかわらず、近現代史のドアがこじ開けられたわけです。

理屈よりも情動が歴史をつくる

当時の日本人が西欧列強に何より衝撃を受けたのは、黒船に象徴されるような物量とパワーの格差でしょう。圧倒的な軍事力と経済力を持つ彼らに対し、日本はいずれも貧弱なまま。これは多様性の問題ではなく、明らかな力の差です。

このままでは、西欧列強の言いなりになるしかない。場合によっては香港のように、国土の一部または全部が支配下に置かれるおそれもある。だから早急に格差を埋めようと、明治以降の日本人はとにかく高速で動くわけです。

そのプロセスがそのまま近代史になるわけですが、これについては本章で詳しく述べます。

その前に、なぜ西欧列強がこれほどの力を持ち得たのか、考えてみたことがあるでしょうか。「産業革命が起きたから」というのが、教科書的な説明です。ではなぜ産業革命が起きたのか。その根底にあるのは、社会に充満していた欲望や熱気でしょう。ちょうど蒸気機関に象徴されるように、熱気によって欲望を膨張させ、それを革命のエネルギーに換えたということです。

しかもその欲望は、止まることを知りません。革命によって得た力を武器に、今度は世界中の富をかき集めるようになった。それが西欧列強の姿です。

象徴的なのが、ロンドンの大英博物館やパリのルーヴル美術館です。今日でもそうですが、ここには世界中の遺跡や美術品などが収集されています。この尋常でない収集の背後に経済力や国力、さらにその奥には「世界中の価値あるものを集めたい」という過剰な欲望があることは言うまでもありません。

つい最近も、「世界の富豪八人の資産額が、世界の貧困層三六億人の資産額と同じ」という報告が話題になりました。異常な格差です。世界中の人々の欲望の集大成として、富は極端なまでに偏在してしまうということです。

これが世の中の仕組みである以上、歴史もそこに焦点を当てながら見ていく必要があります。そのことは、私たちの日常を振り返ってみてもわかるでしょう。

人間はかならずしも合理的に動くわけではありません。欲望や嫉妬、見栄、恐れや不安、愛情や義《ぎ》俠心《きょうしん》など、さまざまな情動によって左右されるものです。

あるいは歴史を国民や国家どうしの集団行動の連続と見なすなら、いわゆる群集心理も無視できません。

つまりは、**それぞれの時代における人間の精神面に着目する**ということです。

表面的な政治や経済、あるいは軍事的な動きの下には、精神の動きが少なからず影響しているはずなのです。

一五〇年を一気にめぐる旅へ

例えば「民族自決」という言葉があります。文化や言語、宗教を共有して同一性を持つ民族は、どれほど小さな集団であっても、自分たちのことを自分たちで決めようとするということです。

ソビエト連邦が崩壊した後、それまで抑え込まれていた各民族の中から、まさに民族自決の動きが見られました。チェチェン紛争にしてもウクライナ問題にしても、根底にある願望は民族自決でしょう。アイルランドとイギリスによる北アイルランドをめぐる長い対立も、同じです。

経済的な利益を奪い合うとか、政治的な権益を主張し合うという話ではありません。あくまでアイデンティティの問題です。それでも多くの血が流されてきたわけです。

民族としての同胞意識というものがいかに強いか、如実に物語っている気がしないでしょうか。

戦争や紛争のない社会をつくることは、人類共通の夢だと思います。合理的に考えれば、戦争で得られるものより失うもののほうが圧倒的に大きいからです。

そのために「国際連盟」や「国際連合」を立ち上げたり、一部では世界共通言語「エスペラント語」を普及させたりという動きもありました。つまりはできるだけ国境を取り払い、「世界人類みな兄弟」という状況を実現して争いをなくそうということです。

ところが結局、民族自決の情念を消すには至っていません。むしろそれこそが、歴史を突き動かしてきた気がします。

もちろん、日本人も例外ではありません。一般に「まじめ」「おとなしい」「倹約家」などと評されることが多いですが、長年の歴史がその気質を育てたと同時に、その気質が日本史をつくってきたのだと思います。

特に江戸時代には、そこに儒教や寺子屋などの教育が加わりました。これが精神文化を育み、明治維新の原動力となり、近代日本の礎となったことは間違いありません。

また太平洋戦争の敗戦を経て、日本人の精神性は大きく変容します。多大な犠牲を出した上に国土は焦土となったのですから、すっかり自信も意欲も失って当然でしょう。ところがその後、日本は奇跡的な復興を遂げます。

どうやって気持ちを立て直したのかは、長く低成長が続く今日の日本にとっても、おおいに参考になるのではないでしょうか。

そこで本書では、特に精神面を掘り下げて近現代史を概観してみたいと思います。

この時代は、急速な経済成長の時代であり、また戦争と安全保障の時代でもあります。この両者の事象を捉えつつ、それを動かした人々・動かされた人々の精神性を考察する。

そんな〝三つ巴《どもえ》〟を展開しながら、歴史を今日に蘇《よみがえ》らせてみることにします。

視点として、選択と決断は重要です。

歴史は無数の選択と決断によって刻まれていきます。NHKの「英雄たちの世界」という番組の「久坂玄端《くさかげんずい》と禁門の変～江戸時代を終わらせた青年志士～」の回に出演したことがありますが、禁門の変一つにも重大な選択と決断があります。

歴史は、人間の選択と決断の織物なのです。

二〇一七年（平成二九年）は、大政奉還からちょうど一五〇年です。

そう言われると、明治維新といってもほんのひと昔前、という気がしないでしょうか。

近現代史は、私たちにとって身近な祖先の行動の記録なのです。その精神までうかがい知れば、もっと身近に感じられるようになるはずです。

では一五〇年間を、一気にめぐってみましょう。

齋藤孝の 一気読み！日本近現代史◎目次

3章 「戦争の時代」の幕開け――すべては対ロシア戦略だった

4章 太平洋戦争へ ——なぜ世界中を敵に回し、破滅の道を選んだのか

5章 占領下の日本——「精神」まで変革を迫られて

◆パール判事はなぜ「全員無罪」を主張したのか　170
◆日米開戦はレーニンの策略だった？　173
◆アメリカの誤算――日本を叩いて共産主義が台頭　176
◆フーバー大統領の回顧録　178
◆「日本国憲法」はGHQに押し付けられたのか　182
◆違和感を抱きつつも戦後日本に定着　186
◆「教条主義」に陥ってはいけない　188
◆日本をつくり変えようとしたGHQ　190
◆GHQによる言論統制があった　191
◆マッカーサーが発禁にした「日本人論」　194
◆日本に対するさまざまな分析があった　197

6章　戦後宰相たちの肖像――吉田茂から田中角栄まで

◆経済の復興・再建を最優先に　203
◆「対米協調」だけではなかった吉田茂　204
◆「占領軍がアメリカで良かった」　207

終章　「一致団結」が得意な日本人――バブルまでの高揚と崩壊後の冷淡

1章

黒船来航

——そして開国へ

1章 まとめの年表「黒船来航――そして開国へ」

1853年（嘉永6年）　黒船来航 POINT **「攘夷運動」が高まる**

1854年（安政元年）　日米和親条約締結（その後、イギリス、ロシア、オランダとも結ぶ） POINT **日本の200年以上にわたる鎖国政策に終止符**

1857年（安政4年）　吉田松陰、松下村塾を主宰 POINT **後に明治維新で主導的役割を果たす人物や、明治政府の中心となる人物が輩出**

1858年（安政5年）　日米修好通商条約締結（その後、オランダ、ロシア、イギリス、フランスとも結ぶ） POINT **不平等条約ゆえに後々問題となる／討幕運動を勢いづかせる**

安政の大獄 POINT **幕府、攘夷派を徹底弾圧**

1860年（万延元年）　桜田門外の変。井伊直弼、討たれる POINT **安政の大獄などへの反発。幕府の威信、大きく動揺**

1862年（文久2年）　生麦事件（攘夷派の薩摩藩士、イギリス人を切りつける） POINT **薩英戦争のきっかけに**

1863年（文久3年）　薩英戦争 POINT **薩摩藩、攘夷を放棄**

下関戦争 POINT **長州藩、攘夷を放棄**

1867年（慶応3年）　第15代将軍の徳川慶喜による大政奉還

POINT **統治権を朝廷に返上。だが実際は、慶喜は引き続き国政の中心に居続けるつもりだった。そのことが攘夷派の反発を買い、戊辰戦争へとつながる**

1868～1869年（明治元～2年）戊辰戦争 POINT **新政府軍の勝利。「政権交代」となり、明治維新へ**

黒船が天下泰平の眠りを覚ます

一八五三年（嘉永六年）、浦賀沖に突如として四隻の黒船が現れたとき、日本人がどれほど驚いたかは想像に難くありません。当時の日本の船といえば、国内沿岸を航行する一枚帆の和船ばかり。黒くて巨大な蒸気船など、まったく〝規格外〟だったはずです。

しかも、しばしば号令や合図のために空砲を発する。それを聞いた時点で、圧倒的な差を実感したはずです。仮に砲撃されればひとたまりもないと、さぞかし恐怖を覚えたことでしょう。

そもそも**なぜ、日本は鎖国、つまり外国に対して門戸を閉ざしていたのか。**

その発端は豊臣秀吉や徳川家康の時代、キリスト教を禁止したことにあります。彼らは、キリスト教が国内で流布すると日本人の根幹的な秩序が乱れると判断した。キリスト教徒は、為政者である自分たちの指示より、聖書の教えを優先させるおそれがある。それでは困るわけです。

唯一、西欧の中でオランダ・ポルトガルとだけ付き合っていたのは、両国が布教に熱心ではなかったから。言い換えるなら、**当時の政権はそこまで徹底してキリスト教を警戒していた**ということです。

おかげで、江戸時代の日本は良かれ悪しかれ均一的な国家として安定します。まず民族としての同一性。もちろんアイヌ民族のような異なる民族もいますが、世界的なレベルで見れば、比較的均一な民族の状態が保たれました。

あるいは言語にしても、ほぼ日本語で統一されています。宗教的な対立も、ゼロではないが大きくもありません。度量衡も全国的に統一され、年貢の納め方等のルールも隅々まで行き渡っていた。江戸時代の約二六〇年間はよく「天下泰平の世」と称されますが、たしかにファンダメンタルで見るかぎり、大きな諍《いさか》いの芽もなく、安定した日々だったと思います。

ところが、その長い眠りを覚ますように、黒船が来航したわけです。平和で安定的な日常を壊されたくないとは、誰もが思うはずです。恐怖の次に感じるのは、「早く帰ってくれ」ということでしょう。あるいはそれが叶わぬなら、**「実力行使で追い払ってしまおう」**とも考える。それが、いわゆる**攘《じょう》夷《い》運動**です。「夷狄《いてき》」（もともとは中国の漢民族が周辺の異民族を指した別称。野蛮人・未開人の意）である外国人を「攘《はら》う」というわけです。

当初の国論は、朝廷から庶民まで攘夷一色でした。交渉の窓口となる幕府としても、そうやすやすと国策を変えて開国しようとは考えなかったでしょう。

問題は、手段。西欧列強との実力差は歴然としているので、怒らせてしまっては甚大な被害が出る。かといって弱腰のままでは、いつまでも江戸近海に居座られ、朝廷からも各藩からも批判を浴びる。これが為政者の辛いところで、一気に不眠症に陥るほどの深いジレンマを抱えることになったのです。

大老・井伊直弼の英断と二つの禍根

結局、幕府は黒船来航の翌年の一八五四年（安政元年）、アメリカと「日米和親条約」を締結しま

ペリー率いるアメリカ艦隊。1954年３月

す。これによって日本は下田と箱館（現・函館）を開港し、鎖国政策は終焉《しゅうえん》を迎えます。ただこれは、太平洋を航行するアメリカの商船に補給基地を提供する程度のもので、本格的な開国や交易を意図したものではありません。

その後、混迷の幕府に登場したのが**井伊直弼**《なおすけ》※です。黒船来航から五年後の一八五八年（安政五年）に大老に就任すると、同年のうちに日米修好通商条約を締結。これ自体は、幕府としてギリギリの選択だったと思います。

下手に抵抗して**アヘン戦争**※に発展し、惨敗して香港まで割譲させられた中国の状況もよくわかっている。日本がその二の舞になることを避け、小さくとも独立国としての矜持《きょうじ》を保つには、「攘夷」などと言っている場合ではなかったはずです。

むしろ長いものに巻かれるように、**西欧列強の衝撃を受け止めつつソフトランディングさせるしかない**と考えていたのでしょう。

もちろんアメリカとだけ特別に門戸を開く、というわけにはいきません。これを契機に、**幕府は同様の条約をオランダ、ロシア、イギリス、フランスとも結ぶ**ことになります。西欧列強の存在感が、日本国内において一気に膨張するわけです。

しかしこの一連の判断には、大きく二つの問題がありました。

一つは**天皇の勅許を得ず、幕府の独断で話を進めてしまったこと。**

武家社会における朝廷は、政治権力を持っていたわけではありません。武士のトップを征夷大将軍に任命し、その役割を担わせていました。江戸時代で言えば、もちろん徳川家です。

ただしそれは、国内政治にかぎった話です。外国との関係においても徳川家が全権を握っているかというと、そうではない。国の根幹を揺るがしかねない事案については、やはり最終的に天皇の聖断を仰ぐべきというのが、当時の考え方でした。

ところが当時の孝明《こうめい》天皇は生粋の攘夷派で、けっして条約の勅許を出そうとはしなかった。結局、その膠着《こうちゃく》状態が続いたまま、幕府は条約を締結してしまったわけです。

繰り返しますが、これは政権を担う立場として、仕方のない判断だったと思います。しかしこのことが、「朝廷の信任を裏切った」「征夷大将軍としての大義名分を失った」として、薩摩や長州などの雄藩による倒幕運動を勢いづかせることにもなったのです。

もう一つの大きな問題は、**条約自体に不平等な要素が含まれていた**ことです。

具体的には、治外法権（国内にいる外国人が、国内の法律の適用を受けないこと）を認め、そして関税自主権（自国の関税を自主的に制定する権利）を放棄させられたのです。

開国して対等な条件で貿易を行うだけなら、むしろ国益につながったでしょう。しかし不平等である以上、生殺与奪の権利は相手国に握られることになる。場合によっては、半植民地化していく可能性もあるわけです。自国に不利な条約を結ばされたとなれば、責任者である幕府に非難が集まるのは当然でしょう。

実際、この条約は、その後の日本に大きな禍根を残しました。**改正して平等を勝ち取るために、日本は明治の全時代を費やすことになる**のです。

吉田松陰が遺した「大和魂」とは

条約締結で批判を浴びた大老の井伊直弼は、謝罪や釈明をするどころか、逆に強硬策に出ます。前水戸藩主の徳川斉昭《なりあき》をはじめ攘夷派の実力者、学者などを片っ端から謹慎処分にしたり、死罪にした

※**井伊直弼**　一八一五〜六〇年、第一三代彦根藩主、江戸幕府大老。「桜田門外の変」で暗殺された。茶の湯や和歌、禅、武道などにも造詣が深い。地元・彦根では今でも「開国の恩人」として尊敬を集めている。

※**アヘン戦争**　一八四〇〜四二年、清国のアヘン禁輸措置を機として起きた清国とイギリスの戦争。列強による中国の半植民地化へとつながる。

りしたのです。これが**安政《あんせい》の大獄《たいごく》**です。

その対象者の中に、**吉田松陰《しょういん》**※がいました。黒船来航に大きな危機感を抱いたのは、幕府や朝廷だけではありません。一介の長州藩士だった松陰も、文字どおり命がけで国難に対峙しようとしたのです。

松下《しょうか》村塾《そんじゅく》の主宰者として知られる松陰ですが、もともとは兵学の専門家です。しかしその意識は、当初から藩の防衛ではなく、日本国の防衛に向いていた。

例えば黒船来航の二年前、藩命で江戸へ遊学に出ていた松蔭は、藩の許可を待たずに東北地方を一巡しています。それも、もしロシアが日本海側から侵攻してきたとき、いかに防衛するかを実地で検討するためでした。

吉田松陰の肖像（1830～59年）

おかげで、江戸に戻ると藩から罰として武士の身分を取り上げられますが、そんなことは気にしません。**徹底的に「私」よりも「公」を優先するのが、松蔭という人物**なのです。

そんな松蔭が黒船を見て、いよいよ危機感を募らせたことは想像に難くないでしょう。だから下田から小舟を漕ぎ出し、黒船に乗り込んでしまうわけです。

その目的には二つ説があります。

一つは外国を知るために密航を企てたというもの、そしてもう一つは提督のペリーを斬り殺そうとしたというものです。いずれにせよ言葉も通じないはずで、無鉄砲きわまりないわけですが、当然ながら失敗して岸へ送り返され、下田の奉行所に自首します。

その後、江戸へ護送される途中で、赤穂浪士の墓がある高輪《たかなわ》の泉岳寺にさしかかった際に詠んだといわれているのが以下の一首です。

〈かくすれば　かくなるものと知りながら　やむにやまれぬ大和魂〉

黒船に乗り込もうとすれば捕まることはわかっていたが、日本を守るためには居ても立ってもいられなかった、ということでしょう。

このときは死罪を免れ、長州の獄舎へ送還されることになります。その獄中でも囚人仲間と勉強会を開くわけですが、後に自宅謹慎に減刑されたことを機に主宰するのが、松下村塾です。

塾の規模は、けっして大きくありません。集う塾生は二〇～三〇人ほど。松陰が指導した期間もわ

※吉田松陰　一八三〇～五九年、長州藩出身の幕末の思想家、志士、教育者。萩の自宅で松下村塾を開き多くの門人を育てた。安政の大獄に連座し、獄死。

ずか二年ほどです。しかしそこからは、**久坂玄瑞**《くさかげんずい》※や**高杉晋作**《たかすぎしんさく》※のように**倒幕で主導的な役割を果たす人物**、それに**伊藤博文**《ひろぶみ》※や**山縣有朋**《やまがたありとも》※のように**後の明治政府で国家の近代化を推し進める人物を輩出します。**小さな私塾ではありますが、その後の日本に与えた影響はきわめて大きかったといえるでしょう。

では松陰はどんな教育を施したのか。一言で言えば、アクティブ・ラーニングです。古典を読みつつ、常に日本の現実の問題について議論する。各地の情報を「飛耳長目《ひじちょうもく》帳」に皆で書きつける。実践的な意識の高い塾でした。

塾生に対しても、師匠と弟子というより、同志という意識が強かったようです。松陰は良かれ悪しかれ直情型の「熱い人」でした。まして国家が存続の危機に立たされていると感じているので、ボルテージも上がります。その思いを、そのまま塾生たちにぶつけていました。つまり知識を教えるというより、熱さで「感化」していったということでしょう。

ところがその後、今度は幕府老中の暗殺を企てたとして捕らえられ、江戸に護送されて処刑されます。わずか二九歳の生涯でした。その死の直前、松陰が記した遺書「留魂録《りゅうこんろく》」の冒頭にあるのが、以下の一首です。

〈身はたとひ　武蔵の野辺に朽《くち》ぬとも　留置《とどめお》まし大和魂〉

この遺志を受け継ぐように、高杉晋作は後に近代軍隊としての奇兵隊を組織し、一八六六年（慶応二年）の「第二次長州征伐」という幕府との戦いにおいて勝利するわけです。幕府にとっては、一藩に敗北したこの時点で、命運が尽きたともいえるでしょう。松陰の「留魂」が倒幕の契機となったわけです。

薩摩・長州が「攘夷」決行で学んだこと

幕府の条約締結に反発し、自ら「攘夷」に乗り出した藩もあります。それが薩摩藩と長州藩で、いずれも盛大な返り討ちに遭いますが、それによって藩論を急旋回させることになります。

まず薩摩藩。黒船来航から九年後の一八六二年（文久二年）、現在の横浜市鶴見区生麦で、藩主の

※**久坂玄瑞**　一八四〇～六四年、幕末の長州藩士。藩医の家に生まれ、一四歳で家督を継いで医師を志すが、一七歳で松下村塾に入門。松陰の死後、尊王攘夷運動にのめり込み、「禁門の変」での敗北により自刃。

※**高杉晋作**　一八三九～六七年、長州藩士。松下村塾で学んだのち、藩命で江戸の昌平坂学問所（幕府直轄の教育機関）などで学び、また上海への渡航も経験。帰国後に尊王攘夷運動に傾注し、第二次長州征伐では海軍総督として幕府軍を撃退。しかし肺結核により二七歳で死去。

※**伊藤博文**　一八四一～一九〇九年、長州・松下村塾出身の内閣総理大臣。のちに初代枢密院議長、初代韓国統監なども歴任。女子教育の普及にも尽力。一九六三～八六年まで、千円紙幣に肖像が描かれていた。

※**山縣有朋**　一八三八～一九二二年、長州藩出身の軍人、政治家。松下村塾に学び、明治維新後は国軍の創設に尽力。二度にわたり内閣総理大臣も経験し、退任後も明治末期まで元帥・元老として軍部・政治に強い発言力を持ち続けた。東京・文京区の「椿山荘」の名付け親でもある（ここに山縣の屋敷があった）。

イギリス艦隊と薩摩藩の戦闘。鹿児島湾にて

父・島津久光の隊列を横切った騎馬のイギリス人を藩士が斬りつけて殺傷する事件が起こります。いわゆる**生麦事件**です。

翌一八六三年（文久三年）、イギリス政府は幕府と薩摩藩それぞれに巨額の賠償金を請求。幕府はそれに応じますが、薩摩藩はイギリス艦隊が鹿児島湾内に進入して脅される中、これを拒否します。そこで双方による砲撃が開始されるわけです。これが**薩英戦争**です。

西欧列強の一角と東洋の弱小国の一藩とでは、「戦争」と呼ぶのも疑わしいほど圧倒的な火力の差があります。「よくぞ戦ったな」というのが現代の感覚でしょう。実際、薩摩側は鹿児島城下を焼失するなどの被害を受けます。しかしイギリス艦隊も意外に損傷を受け、戦闘は三日間で終結。結局、薩摩藩が幕府に借金をしてイギリス側に賠償金を支払うことで合意します。

この一戦により、イギリスと薩摩はむしろ接近する

ようになりました。特に薩摩にとって、西欧列強の実力を身をもって経験したことは大きい。これを契機として、**単純な「攘夷」では国が立ち往かなくなることを痛感する**のです。

そして長州藩。同じく一八六三年、攘夷の一環として関門海峡を封鎖し、航行する外国艦船にいきなり砲撃を加えます。ずいぶん無茶な話ですが、おかげで二度にわたって報復攻撃を受けることになります。一度目はアメリカ・フランス艦隊の砲撃によって艦船が壊滅的な打撃を受け、二度目はこれにイギリス・オランダも加わった四ヵ国の連合艦隊によって陸上の砲台が破壊され、上陸・占拠までされてしまう。一般に**下関戦争**と呼ばれますが、この経験によって長州も西欧列強の強さを思い知り、やはり「攘夷」を放棄します。

つまり薩摩にしろ長州にしろ、**声高に「攘夷」を叫んだ雄藩ほど、真っ先にその旗を下ろした**わけです。そして**同じような経験をした両藩が手を組み、さらに西欧列強の力も借りつつ倒幕に向かっていく。**

このモードチェンジが、結果的に日本の命運を分けました。雄藩がなお「攘夷」にこだわったまま倒幕運動を展開していたら、条約が失効していよいよ侵略されていたかもしれません。

例えばインドの場合、これより少し後の一八七七年にイギリスに併合され、完全な植民地となっています。両国の間に通商条約は存在せず、インドはイギリスにとって収奪の対象でしかなくなるわけです。主権を回復するのは、**マハトマ・ガンジー**※主導による「非暴力・不服従」の独立運動を約三〇年にわたって展開した後、一九四七年のことです。

西欧列強は中東やアフリカをも競うように植民地化しました。今日でもこれらの地域の国境線が不自然なまでに直線なのは、その名残です。列強同士、文字どおり〝線引き〟をして権益を分け合ったわけです。その地域の住民のことなど一顧だにしないほど、帝国主義の発想は乱暴なのです。

場合によっては、日本も同じ憂き目に遭う可能性があったわけです。例えば北海道・本州・四国・九州と分割され、別々の国に統治されていたかもしれない。それが、当時の世界的な状況だったのです。

日本人の特性「変わり身の早さ」で開国へ

注目すべきは、日本人の柔軟性や適応力の高さ、悪く言えば変わり身の早さでしょう。**必要に迫られるたびに学習し、瞬時に立場や思想を変えるということは、日本の近現代史によくあります。**

おそらく江戸時代以前であれば、このようなことはなかったと思います。時間が止まったような日常だったので、そもそも自分から変わる必要がなかった。ところが黒船来航で時代が急変した途端、最初は「攘夷だ」と拒絶反応を示し、「倒幕だ」と気勢を上げ、それほど時を移さず「開国だ」「西欧列強に追いつけ」と動き出す。

この間、せいぜい一〇年です。これほど態度を急変させていくプロセスは、高速適応と言えます。

しかも、あまり国論が割れることもない。**簡単に「全員一致」になりやすい**のです。攘夷論はいつの間にか消え、幕府も薩長も、やがては朝廷も開国しかないと覚悟を決めていくわけです。庶民が攘夷を求めて暴動を起こしたという話も聞きません。なぜか国民的なコンセンサスが得られていたわけです。

特に当時は、武士が中心の社会です。彼らは主君を守るため、あるいは大義を重んじるためなら、自らの命を顧みないという教育を受けてきた。西欧列強がどれほど屈強でも、とにかく命がけで戦うとか、開国を恥じて切腹、といった武士がいても不思議ではありません。しかし、そういう記録がないところを見ると、多くはプライドを捨てて現実に対応したということでしょう。それは支配層である武士たちの責任感でもあったのかもしれません。

少し見方を変えれば、こうした日本人の動きはダーウィンの「進化論」にも則っています。そのポイントを端的に示す有名な言葉に「強い者が生き残るのではなく、環境に適応した者が生き残る」がありますが、日本人はまさに伝統も文化もかなぐり捨てて、西欧列強に早急に適応しようとしたわけです。

その〝捨てるべきもの〟の象徴が幕府であり、約二六〇年も続いた安定のシステムはあっけなく瓦解していきます。

※マハトマ・ガンジー　一八六九～一九四八年、「インド独立の父」と称される政治指導者。もともと南アフリカで弁護士として活動していたが、人種差別に直面。帰国後、「非暴力・不服従」による独立運動を主導。

戊辰戦争の雌雄を決した「錦の御旗」

実はその幕府の倒れ方も、いかにも日本的です。一八六七年（慶応三年）、第一五代将軍の**徳川慶喜**《よしのぶ》※は、統治権を朝廷に返します。いわゆる**大政奉還**です。これで平和裏に権限委譲が進むかと思いきや、そうではない。

慶喜の判断には、二つの側面があります。一つは、けっして保身のためばかりではなかったということです。彼らは武士であり、『論語』でいえば「知・仁・勇」の三徳を兼ね備える精神風土がありました。正しい判断力（知）、お互いに信頼する真心（仁）、そして行動力（勇）を徳として意識する支配層だったのです。

武士は戦いを本分とした職業ですが、当時の国学だった「儒教」の思想を学ぶ知識階級でもあり、また自分を律する訓練も受けていた。だから**ものごとを大きく捉え、個人の利益のためには動かなかった**のです。実際、「武士は食わねど高楊枝」という諺《ことわざ》があるぐらい、概して武士は貧しかった。いささか美化して言えば、「国や藩のためなら、自分の身を捨てることも厭《いと》わない人たち」ということです。こういう支配階級がいたこと自体、世界史の中でも珍しいでしょう。

※徳川慶喜　一八三七～一九一三年、江戸幕府第一五代将軍、日本史上最後の征夷大将軍。水戸藩主徳川斉昭の七男。大政奉還して将軍職を辞すると、七六歳までの〝余生〟の大半を写真や狩猟などの趣味に費やした。

ミニ年表　戊辰戦争1868（慶応4）〜1869年（慶応5年）

1868年	1月	鳥羽・伏見の戦い
	3月	勝海舟と西郷隆盛、江戸薩摩藩邸で会談
	4月	江戸城明け渡し。徳川慶喜、水戸に退隠
	5月	奥羽・北越戦争
		上野の彰義隊の戦い
	7月	長岡城の戦い
	8月	会津戦争
1869年	5月	箱館戦争

その頂点に立っていたのが幕府であり、将軍徳川慶喜です。国難に際して幕府の屋台骨が揺らぎ始めたとき、それを鎮めて挙国一致体制を築くには、その任を権力の源泉に委ねるしかないと考えたのでしょう。それが天皇家であり、大政奉還の意義だと思います。

前にも述べたとおり、幕府の将軍は朝廷から国政を委任されているにすぎません。その幕府が各藩からの信任を失ったとすれば、自ら退任を申し出て権力を朝廷に返上するのが筋、ということです。

ただし、もう一つの側面は、それでも徳川家が国政の中心に座り続けると考えていたということです。平清盛が活躍した時代から、日本はおよそ七〇〇年にわたって武家が政権を担ってきました。それをいきなり返上されても、朝廷としては体制もノウハウもない。そこで慶喜としては、朝廷の威光を背景にしつつ、諸藩藩主との合議制に移行しようと考えたわけです。朝廷としても異存はなく、当初は慶喜に征夷大将軍としての地位を継続させたほどです。

ところが、それを是としなかったのが公家の**岩倉具視**《ともみ》※や薩摩・長州などの雄藩で、同年末には**「王政復古の大号令」**を発して新政府の樹立を宣言するとともに旧幕府勢力の一掃を画策。それに対して慶喜が抵抗する姿勢を見せたため、両者は翌一八六八年（明治元年）初頭の**鳥羽・伏見の戦い**を皮切りに、約一年半に及ぶ武力衝突に発展します。これが**戊辰**《ぼしん》**戦争**です。

兵力では旧幕府側が圧倒的に勝っていたものの、雌雄は早々に新政府側の勝勢で決します。その大きな要因となったのが、**錦**《にしき》**の御旗**《みはた》です。鎌倉時代より、これは天皇の軍隊、つまり官軍の旗であることを意味します。新政府側がこれを掲げたということは、旧幕府側は官軍の敵、つまり朝敵・賊軍ということになる。これは日本において、もっとも情状酌量の余地のない立ち位置です。抵抗する大義名分も成り立ちません。だからその旗を見た瞬間、旧幕府側は一気に戦意を喪失したといわれています。

もちろん旧幕府側は、天皇を敵に回したつもりはありません。むしろ前述のとおり、朝廷を頂点とした新体制づくりを模索していました。一方の新政府側も、朝廷の威光を背景に旧幕府勢力を追い払おうとした。つまり戊辰戦争とは「錦の御旗」の奪い合いであり、新政府側のほうが一枚上手だったということです。

言い換えるなら、**戊辰戦争は日本の権力の源泉がどこにあるかを再確認する機会にもなった**ということです。武家社会がおよそ七〇〇年も続いた当時であっても、それは幕府でも武士でもなく、**やは**

り天皇だったわけです。

明治維新は革命ではなく政権交代だった

こういう権力のあり方も、世界の中では珍しいかもしれません。これは日本の近現代史を見る上で、きわめて重要なポイントだと思います。

例えばアメリカ合衆国大統領の持つ権力は、誰の目にも明らかです。民主的・合法的な選挙で選ばれ、その権限もすべて法律で規定されているからです。この場合、権力の源泉は一般大衆にあります。彼らが大統領に行政の権限を与え、期待どおりに働けば次の選挙で再任（ただし二期まで）、期待外れなら大統領の首をすげ替える。どれほど偉大な大統領も、その任期を終えれば〝ただの人〟に戻るわけです。だから今、オバマ前大統領が持つ権限はほぼゼロでしょう。

ところが、**日本における権力の源泉は、ずっと天皇でした。**例えば土地にしても、けっして幕府や藩の所有物ではなかった。例えば「王政復古の大号令」によって開催された小御所会議では、慶喜に「辞官納地」を要求することが決まります。内大臣という官位を辞任することに加え、徳川家が統治

※岩倉具視　一八二五～八三年、幕末は公家として公武合体、のちに王政復古を画策、明治維新後は新政府の要職を歴任。特命全権大使として欧米を歴訪した他、廃藩置県や大日本帝国憲法制定、鉄道敷設などに尽力。

していた土地を朝廷に〝返せ〟ということです。

こういう発想が出てくること自体、**すべての国土はもともと天皇のもの、**という意識があったからでしょう。それも強権や暴力によって思想統制したのではなく、国民の間で長い年月をかけてコンセンサスが醸成されたのだと思います。

そのことをあらためて思い知らされたのが、戊辰戦争だったわけです。大義は常に天皇にあり、それを守るという名目が立てば、約二六〇年にわたって安定した社会を築いてきた幕府でさえ簡単に吹き飛ばされるということです。

実際、大きく二つの陣営に分かれた戦いではあったものの、国家や国論が二分されたわけでも、階級闘争でもありません。お互いに同じ危機感や目的を抱きつつ、時代に対応するために新勢力が旧勢力と入れ替わっただけ。今から振り返れば、**ちょっと乱暴な政権交代、**もしくは**監督交代**といった感じではないでしょうか。

江戸城を無血開城に導いた勝・西郷の「至誠」

それを象徴しているのが、江戸城の無血開城と徳川慶喜の処遇です。

例えばフランス革命の場合、国王ルイ一六世も王妃マリー・アントワネットも断頭台で処刑されました。あるいはこの二人のみならず、王政を倒した平民どうしが抗争を繰り広げ、大量の血が流されます。

一方、徳川慶喜はどうなったかといえば、明治どころか一九一三年（大正二年）まで静岡市で平穏に生き永らえます。また江戸城が破壊されることも、江戸の町が戦場になることもなかった。いわゆる**「無血開城」が成し遂げられた**からです。

その功労者は二人。旧幕府側の**勝海舟**※と新政府側の**西郷隆盛**※です。新政府側の大軍が江戸へ迫る中、両者は高輪の薩摩藩邸で直談判します。このとき勝は、徳川家の存続（慶喜の謹慎）と江戸城の明け渡しを提案。**西欧列強が迫る中、国内で揉めている場合ではないだろう**と説くわけです。西郷はそれを承諾し、江戸は戦火を免れたのです。

互いに両陣営を代表しているわけで、本来なら細かい条件等が折り合わなかったとしても不思議ではありません。まして新政府側は快進撃を続け、江戸を武力で制圧しようと息巻いていた。立場の弱い勝もさることながら、勢いに乗った軍をなだめる役回りの西郷も、相当の覚悟が必要だったはずです。

※**勝海舟**　一八二三〜九九年、幕末の幕臣、政治家。貧しい旗本の出身ながら、長崎海軍伝習所教頭、軍艦奉行、陸軍総裁などを歴任。明治維新後も新政府に請われ、いくつかの要職に就く。

※**西郷隆盛**　一八二七〜七七年、薩摩藩出身の軍人、政治家。下級武士ながら藩主・島津斉彬に取り立てられ、頭角を現す。以後、明治維新の中心的人物に。西南戦争によって「逆賊」として生涯を閉じるが、大日本帝国憲法発布にともなう大赦で名誉回復。東京・上野公園の西郷隆盛像は、それを機に建てられた。

西郷隆盛の肖像（1827～77年）

勝海舟の肖像（1823～99年）

ところが、晩年の勝の口述をまとめた『氷川清話』（江藤淳・松浦玲編、講談社学術文庫）によれば、実際の会談は「立談《たちばなし》の間に済んだ」らしい。その様子を以下のように描写しています。

〈西郷は、おれのいふ事を一々信用してくれ、その間一点の疑念も挟まなかつた。「いろ〳〵むつかしい議論もありませうが、私が一身にかけて御引受けします」西郷のこの一言で、江戸百万の生霊も、その生命と財産とを保つことが出来、また徳川氏もその滅亡を免れたのだ。（略）その大局を達観して、しかも果断に富んで居たには、おれも感心した。〉

これは、長い日本史の中でも珍しい、起死回生の一コマだと思います。お互いに腹を割って話すことで、大局を見誤らない。誠実に接せられれば信頼で報いようとする。いわばコミュニケーションの理想形だと思います。旧幕府側と新政府側という対立している間柄であっても、それが可能だったわけです。ましてや勝と西郷はともに武士であり、旧知の関係であり、国家存続の危機感も共有していた。責任感も行動力もある。当時の江戸のみならず、その後の東京や日本の急成長を考えれば、両者による会談は奇跡の巡り合わせだった気がします。

勝は西郷を、「至誠」の人と評しています。だから小賢しく策をめぐらしても「腹を見すかされるばかりだと思つて、おれも至誠をもつてこれに応じた」とあります。実際、西郷は軍の動きをピタリと止めた。新政府側の内部でも、絶大な信頼を寄せられていたということでしょう。

また勝にとっても、これは損な役回りです。幕府官僚でありながら、自らの手で幕引きをするわけです。周囲から恨まれても仕方がないし、場合によっては暗殺の危険性すらありました。それを覚悟した上でなお使命を全うしたという意味では、敗軍の将ではありますが、近現代史においては間違いなく英雄の一人だと思います。

余談ながら、やや遡《さかのぼ》れば両者には奇妙な関係がありました。かの坂本龍馬が勝を斬るつもりで（本気で斬るつもりはなかったとも言われますが）訪ね、その世界観にすっかり感化された話は有名でしょう。その後、龍馬は勝の紹介状を携えて西郷に会う。そして薩摩と長州を結びつける役割を果たすわけです。それが倒幕運動の核になるのですから、世の中とは面白いものです。

もっとも、勝は早々に幕府に見切りをつけていたのでしょう。旧守的な体制を維持するより、開国して近代化し、軍事力を高めるしかないと考えていたのだと思います。

スケープゴートにされた会津藩

ただし、戊辰戦争自体があっさり終結したわけではありません。舞台を東北に移しながら、壮絶な戦いを繰り広げていきます。

とりわけ多大な犠牲を強いられたのが、会津・鶴ケ城で繰り広げられた**会津戦争**です。戊辰戦争全体での戦死者は約八二〇〇人と言われていますが、そのうち三分の一強に当たる三〇〇〇人近くが会津藩の人々でした。しかも降伏後は会津の土地を没収され、藩主・藩士とも下北半島の一部に移住して新たに藩（斗南藩《となみはん》）を立ち上げることになります。

そして今でも、その末裔《まつえい》の人々は薩摩や長州に対して恨みの感情を抱いていると言われています。それは単に、戦争でひどい目に遭ったからだけではありません。戦争に至るまでの紆余曲折があったからです。

もともと会津藩は、江戸時代初期に三代将軍家光の異母弟である保科正之《ほしなまさゆき》が藩主に就任して以来、**御三家に次ぐ雄藩として幕府を支えてきました。**幕末に九代藩主・松平容保《かたもり》が京都守護職に任じられたのも、そういう経緯があるからです。

ただし、家臣団は全員揃って反対したと言われています。それもそのはずで、当時の京都は尊王攘夷派・討幕派による暗殺などが日常化し、治安が乱れていました。京都守護職はそれを取り締まる役割で、要するに反幕府勢力と最前線で対峙するわけです。財政的な負担も大きいし、恨みを買うリスクもある。それでも容保は藩の伝統を重んじ、リスクを覚悟の上で幕府の要請に応じるのです。

その活躍ぶりは凄まじく、一八六三年（文久三年）には薩摩藩と組み、長州藩士と尊王攘夷派の公家を京都から一掃（八月一八日の政変）。翌一八六四年（元治元年）にも、再興を期して京都へ攻め上って長州軍を撃退しました（禁門《きんもん》の変）。

これらの働きに厚い信頼を寄せたのが時の孝明天皇で、ことあるごとに容保に宸翰《しんかん》（天皇自筆の文書）や短刀などを授けています。容保がどれほど感激したかは、想像に難くないでしょう。特に宸翰については、生涯肌身離さずにいたそうです。

ところが一八六六年（慶応二年）末に孝明天皇が崩御し、翌年以降の「討幕の密勅」「王政復古の大号令」「鳥羽・伏見の戦い」という形勢逆転の流れの中で、**会津藩は一気に「朝敵」の汚名を着せられる**ことになります。配下にあった新撰組による苛烈な取り締まりも、討幕派の会津藩への恨みを増幅させました。そのエネルギーが、会津戦争で爆発したわけです。

容保や会津藩士にとってみれば、幕府に義理を立てて職務を忠実に全うしただけです。まして容保は孝明天皇から宸翰まで授かっている。「朝敵」とされる謂《いわ》れはないのに、降伏すればそれを認めることになる。だから圧倒的に不利な状況でも、抵抗せざるを得なかったのです。

当時、会津の人々がどれほど悔しい思いをしたか。それを生々しく物語るのが、同藩出身で幼くして落城を経験し、後に軍人となって陸軍大将にまで上りつめた柴五郎《しばごろう》の長大な手記です。「いくたびか筆とれども、胸塞がり涙さきだちて綴るにたえず、むなしく年を過して齢《よわい》すでに八十路《やそじ》を越えたり」と始まり、戦火の様子を以下のように綴っています。

〈新しき時代の静かに開かるるよと教えられしに、いかなることのありしか、子供心にわからぬまま、朝敵よ賊軍よと汚名を着せられ、会津藩民言語に絶する狼藉を被りたること、脳裡《のうり》に刻まれて消えず。

薩長の兵ども城下に殺到せりと聞き、たまたま叔父の家に仮寓せる余は、小刀《しょうとう》を腰に帯び、戦火を逃れきたる難民の群れをかきわけつつ、豪雨の中を走りて北御山の峠にいたれば、鶴ヶ城は黒煙に包まれて見えず、城下は一望火の海にて、銃砲声耳を聾《ろう》するばかりなり。

「いずれの小旦那か、いずこに行かるるぞ、城下は見らるるとおり火焔に包まれ、郭内など人るべくもなし、引返されよ」

と口々に諌《いさ》む。そのころすでに自宅にて自害し果てたる祖母、母、姉妹のもとに馳せ行かんとせるも能わず、余は路傍に身を投げ、地を叩き、草をむしりて泣きさけびしこと、昨日のごとく想わる。〉(『ある明治人の記録』石光真人編著、中公新書)

実際、会津戦争はまったく必要のない戦いだったと思います。新政府にとっては、怨恨とともに政権が替わったことを印象づける狙いもあったのでしょう。

興味深いのは、戦後処理の仕方です。前述のとおり、旧幕府軍の総大将であるはずの徳川慶喜の処分は緩く、松平容保も処刑までは行かずに蟄居《ちっきょ》・謹慎となり、その代わり複数の会津藩家臣を切腹させて手打ちとしています。

つまり**トップは生き残り、その下の者に全責任を取らせている**わけです。

こういう構図は日本史上でも珍しくないし、また今日の会社組織等でもしばしば見られるのではないでしょうか。混乱を避けるための知恵、と言えばそれまでですが、いささか腑に落ちない気もします。

それはともかく、戊辰戦争は約一年半にわたり、京都から函館までが戦場になった大規模な内乱でした。しかしその割に犠牲者は少なめで、前述したとおり約八二〇〇人。『もういちど読む山川近代日本史』（鳥海靖著、山川出版社）によれば、例えばほぼ同時期に起きていた「パリ・コミューン事件」では、一週間から一〇日間の市街戦で約三万人が亡くなっているそうです。あるいは一八六一～六五年の「アメリカ南北戦争」の死者は約六二万人。

会津戦争をはじめ東北各地では苛烈な戦闘も行われましたが、戊辰戦争全体を通して見れば、比較的速やかに終結した戦いだったと言えるでしょう。それは、**国難に際して天皇を権力の表舞台に立たせ、大幅な組織変革を行うことに、基本的には誰も反対しなかったから**だと思います。

1章のポイント

≫「攘夷」から「開国」、そして「倒幕」への流れは、わずか一〇年の間に起こった。

≫日本人は必要に迫られるたびに学習し、瞬時に立場や思想を変える柔軟さがある。これは日本の歴史の特徴。

≫戊辰戦争は日本の権力の源泉が「天皇」にあることをあらためて確認する機会に。

≫明治維新は革命ではなく、新勢力と旧勢力が入れ替わった「政権交代」といえるものであった。

2章

新しい国家づくり

――なぜ日本は急速な近代化に成功したのか

2章 まとめの年表「新しい国家づくり」

1860年（万延元年）	勝海舟を艦長とする幕府軍艦・咸臨丸がアメリカへ渡る。福沢諭吉も同行
1867年（慶応3年）	渋沢栄一、フランスへ渡航 POINT **近代国家建設に向けての準備。政治システムや法体系、株式会社のしくみ、金融システムなど近代国家の制度についての知識を持ち帰る**
1868年（明治元年）	江戸、「東京」と改称
1869年（明治2年）	明治天皇が京都から東京へ移る POINT **政治と精神の中心を東京に集約** 版籍奉還 POINT **領地（版）・領民（籍）の天皇への返上。中央集権体制強化へ**
1871年（明治4年）	廃藩置県 POINT **幕藩体制が解体され、中央集権体制強化へ** 岩倉使節団が欧米に派遣される。伊藤博文、木戸孝允、大久保利通など政府の中枢メンバーから留学生までを含む総勢100名を超えるものだった POINT **近代国家建設に向けての準備**
1873年（明治6年）	地租改正 POINT **農民の土地所有権が認められる。政府は安定した財源確保**
1876年（明治9年）	廃刀令 秩禄処分 POINT **廃刀令とともに武士の消滅を決定づける。不平士族の反発も招き、各地で反乱が起こる**
1877年（明治10年）	西南戦争 POINT **最大規模の士族の反乱。政府軍に破れ、首領・西郷隆盛は自害。政府の全国統治は安定化へ向かう**
1881年（明治14年）	板垣退助、自由党結成
1882年（明治15年）	大隈重信、立憲改進党結成
1889年（明治22年）	大日本帝国憲法発布
1890年（明治23年）	帝国議会開設 第1回衆議院議員選挙が行われる POINT **近代国家体制確立へ**

天皇を頂点とした中央集権国家づくりへ

明治新政府にとって喫緊《きっきん》の課題は、一にも二にも近代国家をつくることでした。

これにはいくつもの側面があり、例えば憲法を制定したり議会を作ったり軍隊を整備したり等々、新たに国家のシステムをつくることが一つ。あるいは産業革命の成果を吸収し、近代的な産業を興す必要もある。各藩が独自に出していた通貨「藩札」を廃止し、貿易でも使えるように日本国として統一通貨を流通させせなければならない。都市部のインフラをはじめ、教育機関や病院などの近代化も欠かせない。どこから手を付けていいかわからないほど、課題が山積していたわけです。

これらを滞りなく遂行する上で欠かせないのが、**権力を中央に集中させること**。群雄割拠していたようでは、国として統一的なシステムを整備できません。そこで**中央の象徴として君臨したのが、天皇です。**

前章でも見たとおり、当時の日本人が天皇に寄せる信頼感、畏敬の念は強い。その天皇が政治的にもトップとなって近代化を推進するとなれば、多くの国民は喜んで協力する。新政府にはそんな狙いもあったのでしょう。

だから、「王政復古の大号令」よりわずか一年後、一八六八年（明治元年）の時点で「江戸」は「東京」と改称され、その翌六九年（明治二年）には**明治天皇**※が拠点を京都から東京に移しました。**政治と精神の中心を東京に集約した**わけです。

これはある意味で、日本ならではの近代化とも言えます。西欧の政治的権力者は、天皇のように宗教的な祭祀を業としている人物とはかならずしも一致しません。「王」はかならずしも聖職者ではないわけです。例えばルネサンス期のイタリア・フィレンツェは、富裕な銀行家だったメディチ家が政治的にも支配していました。

聖職者とはキリスト教における司祭など聖職にある者を指し、カトリックの場合、その総本山はバチカンにあります。その立場を「聖なる権力」とすれば、各国の国王などは「俗なる権力」にすぎません。だから、両者が一致する必要はないのです。

余談ながら、これを象徴する事件がいわゆる**カノッサの屈辱**でしょう。一一世紀後半、ローマ教皇グレゴリウス七世に破門を言い渡された神聖ローマ皇帝ハインリヒ四世が、赦《ゆる》しを乞うために教皇のいるカノッサ城の前で、雪中にもかかわらず三日にわたって裸足のまま断食と祈りを続けたという出来事です。結局、皇帝は赦されるわけですが、いかに当時の教会や教皇が強大な力を持っていたかがわかります。

日本の天皇も、「聖なる権力」を有していました。新政府は、**その聖なる力と政治的な権力を分離するのではなく、むしろ一体化させることで、近代化の原動力にしようとした**わけです。しかも天皇の神格化によってパワーアップしようとしました。

一方、国民の側もこれを歓迎したフシがあります。それを如実に物語るのが「御真影」と呼ばれる、天皇の肖像画や肖像写真です。明治天皇の写真が初めて撮られたのは、一八七〇年代初頭のこと。海外の外交官などに、日本の新しいリーダーとして紹介することが目的だったと言われています。

それが国内で官僚などにも配られるようになると、いつの間にか民間にも〝流出〟。錦絵や石版画のような形にコピーされ、夜店などで売られて爆発的な人気を博したそうです。さながら人気タレントのブロマイドのようですが、かつて見たことのない「現人神《あらひとがみ》」である天皇の姿を拝めるとあらば、それも当然でしょう。

これに対し、新政府は禁止令を出しますが、国民の高い人気に抗しきれず、一八八〇年代後半には全面的に解禁します。その後、しばしば新聞・雑誌の〝付録〟として添えられるようになり、発行部数の拡大に貢献したとのこと。いかに天皇が日本人に慕われる存在だったかが、よくわかると思います。

「大日本帝国憲法」は意外に民主的だった

ただし、実際に天皇が個人的な判断によって政治を動かしたわけではありません。一八九〇年（明治二三年）に施行された**大日本帝国憲法**の条文でも、**独裁にならないように規定されています。**

※明治天皇　一八五二〜一九一二年、父・孝明天皇の崩御により、一八六七年に満一四歳で皇位を継承。翌六八年が明治元年となる。当時の最高権力者だが、質素な生活に徹したと言われている。

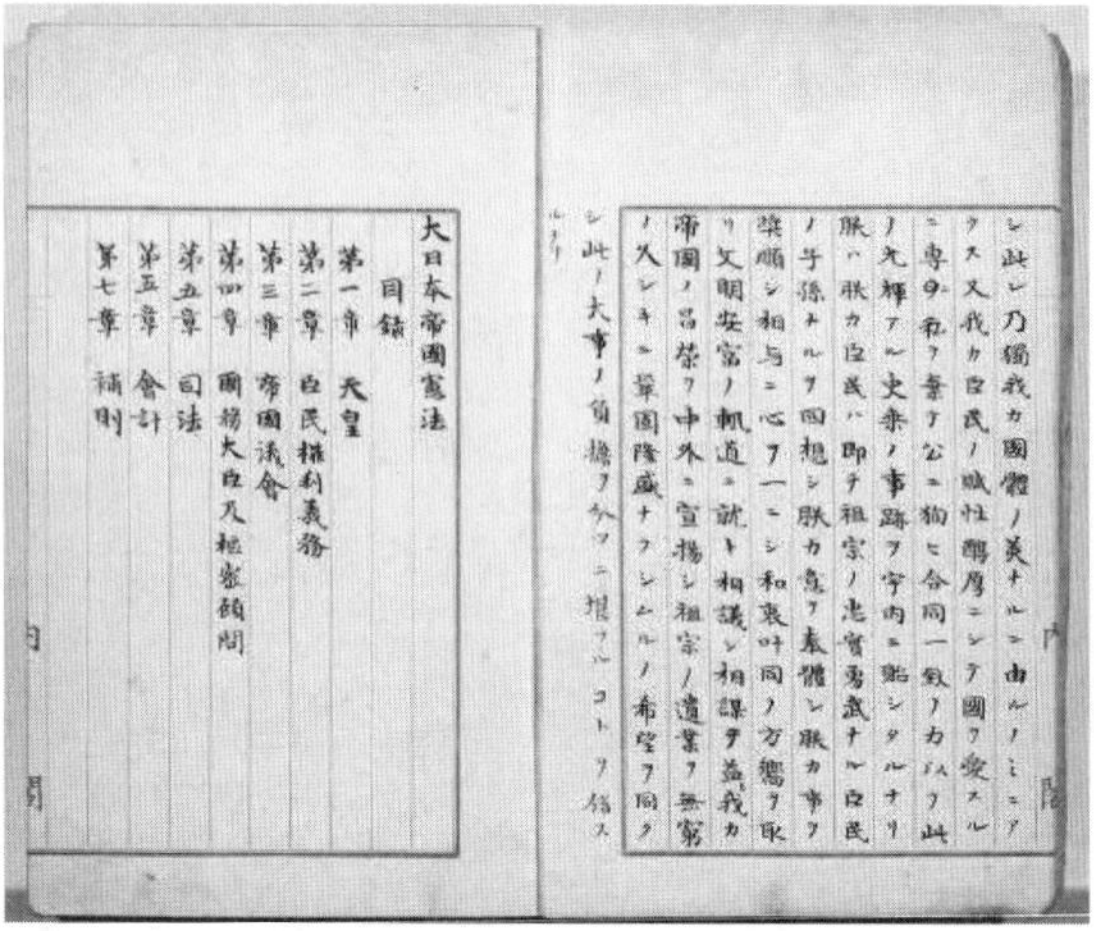
大日本帝國憲法
目錄
第一章　天皇
第二章　臣民權利義務
第三章　帝國議會
第四章　國務大臣及樞密顧問
第五章　司法
第五章　會計
第七章　補則

シ此レ乃獨我カ國體ノ美ナルニ由ルノミニア
ラス又我カ臣民ノ賦性醇厚ニシテ國ヲ愛スル
ニ專ヲ和ヲ貴テ公ニ殉ヒ合同一致ノ力以テ此
ノ光輝アル史乘ノ事跡ヲ宇内ニ貽シタルナリ
朕ハ朕カ臣民ハ即チ祖宗ノ忠實勇武ナル臣民
ノ子孫ナルヲ回想シ朕カ意ヲ奉體シ朕カ事ヲ
奬順シ相与ニ心ヲ一ニシ和衷叶同ノ方嚮ヲ取
リ文明安富ノ軌道ニ就ト相議シ相謀テ益我カ
帝國ノ昌榮ヲ中外ニ宣揚シ祖宗ノ遺業ヲ無窮
ノ久シキニ鞏固隆盛ナラシムルノ希望ヲ同ク
シ此ノ大事ノ負擔ヲ分ツニ堪フルコトヲ信ス
ルナリ

大日本帝国憲法（浄写三月案）

今日の視点から「前近代的」「戦争を招いた」などと批判されることもある帝国憲法ですが、実はそうでもない。ヨーロッパの立憲君主制をモデルにしているため、意外に**民主的なところもある**のです。

これには二つの意味があります。

第一は、**立憲主義に忠実だったこと。**

例えば国家の予算案について、帝国憲法では議会の審議権を認めています。今日では当たり前ですが、当時としては画期的でした。政府がドイツから招いていた二人の法律顧問ロエスレルもモッセも、草案の段階でそろって強硬に反対したほどです。議会での審議が行政の遅れにつながることを懸念したのでしょう。

しかし帝国憲法起草の中心メンバーである高級官僚・井上毅《こわし》は、先達《せんだつ》である彼らの意見を却下。立憲主義に反する条項を憲法に取り入れるわけにはいかない、というのがその理由です。この志の高さは、特筆に値すると思います。

おかげで帝国憲法は、当時の自由民権運動派からも非難されることなく受け入れられました。その発布と帝国議会の開設を機に、運動自体は消滅していくのです。

そして第二は、天皇の位置づけです。例えば第一条には「大日本帝国ハ万世一系ノ天皇之ヲ統治ス」、第四条には「天皇ハ国ノ元首ニシテ統治権ヲ総攬シ此ノ憲法ノ条規ニ依リ之ヲ行フ」などとあります。文言どおりに受け取れば、天皇は絶対君主であるかのように見えます。

しかし他の条文を見ると、そうではないことがわかります。例えば立法権は帝国議会の協賛が必要（第五条）、大権（天皇が国事行為を行う権限）行使の際は国務大臣が助言を行う（第五五条）、司法権は法律に則って裁判所が行う（第五七条）と明記されています。

天皇の独断でものごとが決まるわけではなく、むしろ政治に不介入の姿勢が示されたわけです。実際、例えば議会が可決した法案を天皇が拒否したことは、一度もありません。**ほとんど「象徴」に近い存在だったとも言える**でしょう。

「王政」というものを持たなかった日本は、「革命」とも「共和制」とも無縁でした。その代わり、「聖なる力」を持つとされた天皇が統治する形をとりつつ、しかし実質的に政治には関わらないという、独特のシステムを築き上げたのです。

また国民は天皇の「臣民（一般には、支配される人民）」と定義されましたが、これは「天皇の赤子（赤ん坊）」とも解釈されました。士農工商の身分制も廃止され、「言論・集会・結社の自由」や「居住・移転の自由」のような権利も認められた。つまり**君主国でありながら、人権というものもかなり**

認められたわけです。

そもそも憲法とは、国民ではなく政府・権力者を縛るために存在します。一般の法律は人民の行動を制限するものですが、憲法はまったく逆で、むしろ人民の権利を保障するものなのです。だから人権条項が含まれているわけです。

こういう性格が与えられたのは、その生い立ちに理由があります。イギリスの「マグナ・カルタ（大憲章）」に始まり、フランス革命時の「人権宣言」にしろ、アメリカの「独立宣言」にしろ、いずれも人民が壮絶な戦いの末に権力者から権力を奪い、自らの権利を守るためにつくり上げた経緯があります。それらの言葉の一つひとつは、いわば血で書かれているわけです。だから権力を制限し、コントロールすることに、憲法の主眼が置かれるのも当然でしょう。

帝国憲法もその流れを汲んでいますが、成立のために血を流したわけではありません。それでも人権や平等や選挙権をあっさり獲得してしまった。これが西欧の近代化とは大きく違うところです。後発の日本にとっては省エネであると同時に、権力抑制や権利に対する意識の薄さにもつながっています。

当時、東京医学校（現・東京大学医学部）に招かれていたドイツ人医師のベルツは、日記の中で「日本が立憲政治を実施するのは二〇年早い」と否定的に記していますが、それでも日本は早々に制定した。それも西欧列強に学んだ上で、文化・風土に合わせて天皇を巧みに取り込み、日本に立憲政治を根付かせたのです。

消え行く「武士」たち

もちろん、明治維新によって人々の暮らしも一変しました。とりわけ大きな変化を強いられたのが、かつての支配階級である武士です。

新政府は、一八六九年（明治二年）には版籍奉還《はんせきほうかん》を、一八七一年（明治四年）には廃藩置県《はいはんちけん》を実施します。文字どおり「藩」を廃し、新たな行政単位として「県」を設置したわけです。

単に名称が変わるだけではありません。藩が姿を消すということは、藩士も消えることを意味する。つまり武士の身分を取り上げられるということです。「〇〇藩士」と名乗ることは、武士にとって誇りであり、アイデンティティでもあったはずです。それを短期間のうちに失ったわけですから、相当なショックだったと思います。

ところが、武士はこれを唯々諾々と受け入れた。おそらく、藩単位では国を守れない時代になったということをわかっていたのでしょう。武士とは何かといえば、いざというときに人民を守る存在です。しかし旧態依然の武士のままでは、その役割を果たせない。だから、自らその役職を捨てることが、国を守ることにつながると覚悟を決めたのだと思います。

もっとも、明治に入って「華族」または「士族」という身分を与えられた武士たちには、金銭的な保障がありました。藩に代わって政府から、「家禄」という名の俸禄が支給されていたのです。

たしかに、所属する藩を失った上に武士という身分も仕事も失ったわけで、そのままでは路頭に迷

ミニ年表 **武士階級解体への段階**

1869年（明治２年）　版籍奉還
1871年（明治４年）　廃藩置県
1873年（明治６年）　徴兵令
1876年（明治９年）　廃刀令
　　　　　　　　　　秩禄処分

うしかありません。大量の失業者が市中にあふれれば、治安が乱れて社会不安を招きかねない。だから、政府がいわば〝失業保険〟を提供していたわけです。

ところが一八七六年（明治九年）、この制度も打ち切られます。これを**秩禄処分**《ちつろくしょぶん》と言います。政府にとって家禄の支出は膨大で、実に国家財政の約三〇％に達していました。その負担を軽減するため、代わりに家禄の五〜一四年分の**金禄公債**を一括で支給します。条件は、元金は五年間据え置き（現金化不可）の上、三〇年償還。その間に利息を支払うことで、家禄を廃止したわけです。

また同年には**廃刀令**《はいとうれい》を発し、ついに武士の身分的特権の象徴だった帯刀も禁止します。この時点で、形式上の武士はこの世から完全に消滅するわけです。

着目すべきは、旧武士にこれらの冷たい仕打ちを施したのが、同じ旧武士だったということです。日本で起きたのが市民革命なら、支配階級だった武士が糾弾され、冷遇されるのは仕方ないかもしれません。しかし**明治維新は、武士どうしによる政権交代劇でした。**そして武士の消滅は、戊辰戦争時の新政府側であれ旧幕府側であれ、関係ありません。つまり、自らの手で自らを律したわけです。

その後、武士の不満を西郷隆盛が引き受ける形で**西南戦争**※が起こりますが、多くの武士は一連の政策をやはりすべて受け入れた。この潔さが、明治の富国強兵の原動力になったことは間違いないでしょう。

武士の「魂」は生き続けた

ただし、見かけ上の武士は消えたものの、武士の気風のようなものは明治時代を通じて残ります。明治は近代国家・日本の青年期に当たります。そこで**主導的な役割を果たした人物は、いずれも江戸時代のメンタリティを持っていた旧武士たちです。**松下村塾出身の伊藤博文や山縣有朋《やまがたありとも》はその典型でしょう。

あるいは夏目漱石は、一九〇六年（明治三九年）に弟子宛てに書いた手紙の中で、「僕は一面において俳諧的文學に出入すると同時に一面において死ぬか生きるか、命のやりとりをするような維新の志

※**西南戦争**　一八七七年、政府による旧体制解体政策に不満を持つ鹿児島士族が、下野・帰郷していた西郷隆盛を担いで挙兵。政府軍との約七ヵ月の戦闘ののち、西郷が劣勢の中で自刃して終結。戦死者は両軍合わせて一万数千人に及ぶ。

士の如き烈しい精神で文学をやって見たい」と述べています。

漱石は大政奉還のあった一八六七年（慶応三年）の生まれで、ロンドン留学のさなかにノイローゼになり、「自己本位」という言葉に出会って「個人主義」で生きる覚悟を決めた経緯があります。これだけを見ればいかにも明治人ですが、心の中では武士のような気概を持っていた。ロンドンへ留学した時も「国を背負って勝負する」という意識を持っていました。しかし、それがうまく行かなくなったこともあって、精神的に追い込まれました。

『私の個人主義』という講演録を読むと、漱石の葛藤と気概が切実に伝わってきます。

当時の日本でもっとも開明的だったと言われる福沢諭吉にしても、実は武士としてのメンタリティを大事に持ち続けた人でした。晩年に口述をまとめた『福翁自伝』によれば、ずっと「居合《いあい》」を日課にしていたそうです。明治維新とともに刀剣類を真っ先に売り払い、人にもそれを勧めていますが、晩年になっても健康管理の一環として居合だけは続けていました。

また、福沢の「瘠《やせ》我慢《がまん》の説」という論文も有名でしょう。これは旧幕臣でありながら新政府に仕えている勝海舟と榎本武揚に対し、「節操を欠いているのではないか」と批判する内容です。刀は持たずとも、主

福沢諭吉肖像

への忠誠を重んじる武士としての本分を忘れてはいけない、ということではないでしょうか。

ちなみにこの論文を発表する前、福沢はわざわざ勝海舟に原稿を送って感想を求めています。それに対して勝は、「批評は人の自由、行蔵は我に存す」と〝大人〟の回答。『氷川清話』（講談社学術文庫）では、「福沢は学者だからネ。おれなど通る道と道が違ふよ」と軽くいなしています。

それはともかく、明治の富国強兵にしろ殖産興業にしろ、形の上では消滅しつつあった旧武士の気概や気風といったものが成し遂げたものといえます。振り返ってみれば勤皇の志士であれ新撰組であれ、自分たちの利益のために戦ったわけではありません。あくまでも国を憂う気持ちが前提でした。その精神が明治以降まで存続したとしても、けっして不思議ではないでしょう。

しかも、けっして教条主義には陥らなかった。つまり「徳川政権でなければダメだ」などと固執しませんでした。現実に即して対応する柔軟さも持ち合わせていたわけです。やはり、世界的にも珍しい支配階級だったと思います。

加えて、あっという間にコンセンサスができていたことも、特筆すべきでしょう。メディアが発達していたわけでもないのに、国民的な意思がほぼ一致していた。開国も文明開化も中央集権化も、戸惑いつつも当然のように受け入れているのです。もし、ここで複数の意見に割れてまとまらなかったとすれば、手を打つのも遅くなったはずです。

もともと日本人は、一つにまとまることを好む傾向があります。特に対外的な問題が発生すると、一丸となって対応にあたる。その団結力は、際立っています。アイヌ民族を別とすれば、ほぼ同一言語・同一民族という国民性の下地があるからでしょう。それが効果的に作用したのが、明治初期における新しい国づくりのプロセスだったと思います。

現在、明治維新を否定的に批評する本も出ていますが、視点としてはともかく、実際に国家の命運を左右する立場に身をおいたと想像すると、大変難しい舵取りです。

結果的に、明治時代を通じて、日本はほぼ間違いのない舵取りができていたのではないでしょうか。よくぞ時代の荒波を乗り切ったという気がします。

西欧へ渡って見聞を広めた明治人たち

もちろん、武士の精神だけで急成長できたわけではありません。西欧列強より後発だったからこそ、その完成された技術や文明の恩恵を存分に受けることができたのです。これなら真似るだけなので、早いはずです。

それに、日本人はもともとせっかちなところがあるし、新しいものを好む傾向もある。何かが流行り出すと一斉に全員が飛びつくという光景は、今日でもしばしば見ることができます。戦後は一気にアメリカの文化に呑み込まれた日本ですが、**明治もまた、欧米の文化を夢中になって吸収する時代だった**ということです。

その〝最先端〟を走っていたのが、**実際にアメリカやヨーロッパに渡って見聞を広めてきた人々**で

岩倉使節団。1872年、ロンドン滞在中に撮影。左から木戸孝允、山口尚芳、岩倉具視、伊藤博文、大久保利通。

す。一八七一年（明治四年）の**岩倉使節団**はその典型でしょう。岩倉具視《ともみ》を筆頭に、伊藤博文、木戸孝《たか》允《よし》※、大久保利通《としみち》※など政府の中枢メンバーから留学生までを含む、総勢一〇〇名以上による大視察団でした。「何でも学んで近代化を急ごう」という新政府の意気込みが感じられるでしょう。

実際、西欧文明の進み具合を見て、さぞかしショックを受けたことと思います。だから一刻も早く追いつくべく、大急ぎで産業育成に力を入れたわけです。

あるいはそれより前、勝海舟を艦長とする幕府軍艦・咸臨丸《かんりんまる》がアメリカへ渡ったのは、一八六〇年（万延元年）のことです。そこには従者として福沢諭吉も乗り込んでいました。また福沢は翌年には、幕府の使節団の一員としてヨーロッパにも渡っています。

ここで見聞きしたことは、『西洋事情』などの著書で詳しく紹介していますが、その観察眼には「さすが」と言わざるを得ません。鉄道やビルや食べ物など、見るもの聞くものすべてが初めてだったはずで、その一つ一つに驚くのは当然だと思います。

しかし、福沢の着眼はそういうレベルではありません。パッと見ただけではわからない、**政治のシステムや法体系、銀行の決済システムや株式会社の仕組みといったものまで調べて紹介している**のです。これこそ「知力」というものでしょう。こういう知的な貢献があったからこそ、日本は早々に近代化の道を歩むことができたわけです。

「日本資本主義の父」と称される**渋沢栄一**《しぶさわえいいち》※も同様です。一八六七年（慶応三年）、徳川慶喜の家臣だった渋沢は、パリ万博に出席する慶喜の弟・昭武の随行員としてフランスへ渡航。ついでにヨーロッパ各地を見て回り、金融システム等を学びます。

渋沢栄一肖像

その後、新政府の民部省、大蔵省に勤務しますが、四年ほどで退官。民間人として、第一国立銀行（現・みずほ銀行）をはじめ、多くの地方銀行、東京瓦斯（現・東京ガス）、帝国ホテル、抄紙会社（現・王子製紙）、ジャパン・ブルワリー・カンパニー（現・キリンビール）など、今日まで続く多くの企業の設立に携わります。まさに**日本経済の礎を築いた人物**と言えるでしょう。ヨーロッパで学んだり感動したり焦りを感じたりした経験が、これほどの偉業につながったわけです。

いずれにせよ、現地視察や学習がこれほど効力を発揮した事例は、あまりないと思います。現代に生きる私たちでさえ、「近代国家とは何か」と問われて即座に答えられる人は少ないでしょう。

ところが当時の日本人は、圧倒的に世界観や価値観の違う異国に身を投じ、右も左もわからない状況の中から「近代国家とはこういうもの」という要素を取捨選択して日本に持ち帰ったわけです。その嗅覚《きゅうかく》と、それをもとに近代化のグランドデザインを描き出した能力には、素直に驚かざるを得ません。

もっとも、いささか行きすぎな面もありました。神仏分離政策にともなう「**廃仏毀釈**《はいぶつきしゃく》」は典型例でしょう。天皇に権力を集中させる一環として打ち出した政策ですが、いつの間にか全国の寺院や貴重な仏像などが破壊されました。

あるいは都市部では、江戸時代の情緒を残す町並みや建物も片っ端から打ち壊された感があります。

※**木戸孝允**　一八三三〜七七年、幕末・明治時代の政治家。長州出身。薩長同盟を組んで討幕運動に加わる。明治新政府において「五箇条の誓文」の起草、版籍奉還、廃藩置県などに尽力。桂小五郎の名でも知られる。
※**大久保利通**　一八三〇〜七八年、明治維新の指導者。薩摩生まれ。薩長同盟を成立させ、西郷隆盛、木戸孝允、岩倉具視らと結び明治政府樹立、新政府の中心人物となる。西南戦争鎮圧後、不平士族により暗殺される。
※**渋沢栄一**　一八四〇〜一九三一年、実業家。第一国立銀行（現・みずほ銀行）をはじめ、今日も日本経済を支える多くの企業の設立に携わる。『論語』を信奉し、私利を好まず、財閥を形成しなかったことも特徴的。

おかげで今日、当時を偲《しの》べるような景観はほとんど残っていません。もし残っていれば、「観光立国」を目指す日本にとって絶好の観光資源になったはずです。

こういう過去へのこだわりの〝なさ〟も、日本人の特徴かもしれません。

「元老」という日本的権力システム

もっとも、以上を明治における〝表〟の歴史だとすれば、〝裏〟の歴史もあります。今日の日本の多くの組織にも通じる話ですが、権力構造が複雑または曖昧なのです。

大日本帝国憲法が施行された一八九〇年（明治二三年）に、衆議院と貴族院の二院制による帝国議会（国会）も開設されました。第一回の衆議院議員選挙が行われたのも、この年です。

有権者は国税を一五円以上納める二五歳以上の男子で、全国民の一％程度。とても民意が反映されるとは言えない状況ですが、選挙という民主主義的な手段が採用されたこと自体は、近代国家として大きな前進でしょう。

しかし、実は同じころ、まったく趣の異なる権力中枢が誕生しました。それが「元老」というポストです。法的根拠も、資格や権限を明記した文書もいっさいない、いわば会員制の秘密クラブのようなものです。

最初に就任したのは伊藤博文、黒田清隆《きよたか》※、山縣有朋など。いずれも維新の功労者ですが、選挙で選ばれたわけではありません。選定のプロセスは曖昧なままです。そんな彼らが、政界の表舞台から一歩退きながら、なお〝長老会〟のような形で権力を持ち続けたわけです。言い換えるなら、本来の政治システムではないところで、日本の政治が動かされたということでもあります。

実際、彼らが総理大臣を実質的に選定していました。**議会という表向きの機関を持ちながら、密室で日本の表向きの政治リーダーが決まっていた**わけです。

そうなると、政府の権力構造は不明瞭にならざるを得ません。こういう形が、明治時代のみならず、大正・昭和初期に至るまで、日本の政治を牽引《けんいん》することになるのです。特に伊藤博文と西園寺公望《さいおんじきんもち》※などは、交代しながら何度も総理大臣に就任しています。

国会議事堂錦絵

今日の政党政治の観点から見れば、ずいぶん奇異で非民主的な感じがするでしょう。ではこのシステムは間違っていたかというと、それはまた別問題です。

まずプラス面としては、**責任が曖昧な分、効率よく権力を活用して近代化を推し進めることができた。**天皇という形式上は絶対的な権力者を裏方としてコントロールすることで、政策をスムーズに進行できたわけです。

しかしマイナス面はその裏返しで、**天皇の号令一下、全体主義的な風潮に拍車をかけるということにもなりました。**それが、後に太平洋戦争に至るプロセスにおいても発揮されたのです。

繰り返しますが、近代国家への道をこれほど高速に歩んだ国は、世界史上でも稀です。

その一因として、元老という民主主義の手続きを経ない政策決定プロセスがあったことは否定できません。しかし、あまりにも成功しすぎてしまったために、列強の仲間入りをしようとして、当の列強から痛烈なしっぺ返しを食らうことになる。その意味では、「悲劇的なまでの成功」だったと言えるかもしれません。

学校制度の確立が日本人の〝規律レベル〟を押し上げた

そしてもうひとつ、**明治の近代化において特筆すべきは、学校制度の確立の速さ**です。

学制が公布されたのが一八七二年（明治五年）。つまり、大政奉還の混乱からわずか五年あまりです。その後、一八七九年（明治一二年）の教育令などによって制度変更されますが、とにもかくにも**すべての子ども・若者が教育を受けられるようになりました。**

これによって、近代国家づくりを支える人材が大量に輩出したわけです。

学校の価値は、知識の習得もさることながら、規則正しい集団行動にあります。時間割があり、始業時間には全員が着席し、下校前には全員で掃除をする。これは江戸時代の寺子屋からの伝統でもありますが、こういう日常を通じて規律性を学ぶわけです。この制度に、日本人はすっかりハマった感があります。国民性や社会そのものが「学校化」されたとも言えます。

例えば一九四五年（昭和二〇年）の終戦直後、大混乱の中で、夏休み明けから当たり前のように授業を開始した学校も少なくないそうです。直前まで使っていた教科書は墨で塗りつぶし、授業内容もガラリと変わりますが、定刻どおり始業するという規則だけは変わらない。その〝学校好き〟の姿は、不思議ですらあります。「国民皆兵」の時代は終戦とともに終わりましたが、「国民皆学」の精神は消えなかった。それが今日まで存続していることは、周知のとおりです。

ではなぜ、日本人は学校にハマったのか。

実はオーストリアの哲学者イヴァン・イリイチは、「脱学校論」を展開して、児童・生徒が管理される既存の学校の姿を批判しています。自由を奪われて人に教えられるより、自ら学ぼうという意欲が大事、というわけです。その観点から見れば、日本の多くの学校は絶好の批判対象でしょう。

※**黒田清隆**　一八四〇〜一九〇〇年、薩摩藩出身の軍人、政治家。伊藤博文に次ぐ第二代内閣総理大臣。在任中に大日本帝国憲法が発布された。

※**西園寺公望**　一八四九〜一九四〇年、公家出身の政治家、教育者。明治維新後まもなくフランスに留学し、一〇年を過ごす。伊藤博文の知遇を得て政界に入り、二度にわたり内閣総理大臣に就任。今日の立命館大学、明治大学の創設にも尽力。

しかし学校での規則正しい生活は、一見すると窮屈ですが、実は必ずしもそうではない。むしろ、お互いに気持ちよく過ごすための知恵である。日本人はそう気づいたのではないでしょうか。

もちろん個人差はありますが、概して日本人は真面目です。時間にルーズではないし、約束もできるだけ守ろうとする。だからビジネスにおいても、余計なストレスが少ないわけです。世界中を駆け回っている知り合いの商社マンなどに「もっとも仕事をしやすい相手は?」と尋ねると、ほぼ一様に「日本人」という答えが返ってきます。それは言葉や同胞意識という問題だけではなく、基本的に取引相手としてどこまで信頼感を持てるか、ということだと思います。

その真面目ぶりを象徴しているのが、日々運行している列車の時刻の正確さでしょう。地下鉄から新幹線まで、分単位の時刻表でありながらほとんどズレることがない。ほんの数分遅れるだけで、電光掲示板に「おわび」が流れるほどです。国内外の多くの方が指摘することですが、この正確無比ぶりは間違いなく世界一でしょう。

おかげで利用者である私たちは、時間面でのストレスを比較的感じずに済んでいる。これが「気持ちいい」ということです。

ついでに言えば、小学校時代の夏休みに毎朝行われたラジオ体操も、かなり日本的な光景だと思います。実は私自身は、せっかくの夏休みの早朝に起きるのもどうかと思い、ほとんど参加していません。しかし友人たちは真面目に参加し、カードにハンコをもらうことをモチベーションにしていました。これも規則正しい学校教育の大きな成果でしょう。

ミニ年表　学校・教育制度の確立

1869年（明治２年）	大学南校（のちの東京開成学校）設立。洋学を中心とした高等教育を行う
1871年（明治４年）	文部省設置
1872年（明治５年）	学制公布 東京に官立女学校、のちに女子師範学校設立 福沢諭吉の『学問のすゝめ』刊行
1877年（明治10年）	東京大学設立（のちに東京帝国大学と改称）
1879年（明治12年）	教育令公布（1880年に改正）
1886年（明治19年）	学校令（帝国大学令・師範学校令・中学校令・小学校令など）制定。体系的な学校教育制度確立
1890年（明治23年）	小学校令改正（のちに改正を重ね、1907年には６年間の義務教育期間が確定） 教育勅語の発布

日本人の勤勉さのルーツは儒教と寺子屋にあり

そしてもちろん、勉強そのものの価値もきわめて大きい。そこで培われたのが、勤勉の精神です。社会学者マックス・ヴェーバーは、有名な著書『プロテスタンティズムの倫理と資本主義の精神』において、**プロテスタントの国ほど資本主義がより発達している**ことに着目しました。考えてみれば、これは不思議な話でしょう。プロテスタントは真面目で禁欲的なことで知られています。一方、資本主義は富が富を生むようなシステムです。一見すると、両者はまったく無縁な存在のように思えます。

これについてヴェーバーは、プロテスタントが労働を「天命・天職（ベルーフ）」と定義したからであると説いています。だから誰もが禁欲的に勤勉に働き、真面目さゆえに浪費することもなく、信用を得て資本が集まり、結果的に経済が成長したというわけです。経済という合理的な仕組みにおいても、宗教のような精神面が非常に大きな働きをするということです。

では日本の場合はどうでしょう。日本人も勤勉さでは負けていません。その精神の源泉は何か。プロテスタントではない多くの日本人が、なぜ経済大国をつくり得たのか。

この問いに真正面から切り込んだのが、評論家の山本七平です。著書『日本資本主義の精神』（PHP文庫）などでは、戦国から江戸時代に生きた禅僧・**鈴木正三**《しょうさん》※や江戸時代に石門《せきもん》心学を開いた商人・**石田梅岩**《いしだばいがん》※を取り上げ、仕事そのものが修行であり、やはり宗教的な意味での天命だったと説いています。**禅や儒教の影響で、勤勉に働くことを自らの使命と考えていた**ということでしょう。

加えて、**寺子屋**での勉強も見逃せません。そこで使われた教科書の一つが「論語」ですが、そこには「勉強しなさい」という教えが何度も出てきます。例えば有名な「吾十有五《われじゅうゆうご》にして学《がく》に志《こころざ》す〜」もその一つでしょう。「学べば則《すなわ》ち固《こ》ならず（学問をすれば意固地にならずに済む）」とか、「学びて思わざれば則ち罔《くら》し（学んでも自分の考えにまで落とし込まなければ意味がない）」などもよく引用されます。

寺子屋では、これらの言葉を繰り返し音読していました。明治の学校も、勤勉さという点では、この延長線上にあります。小さいうちから勤勉の精神が培われる伝統は続いていたのです。

「天は人の上に人を造る」、その差は学問

また一八七二年（明治五年）から一八七六年（明治九年）にかけて、福沢諭吉の**『学問のすゝめ』**が刊行され、大ベストセラーになります。

同書の冒頭の一節「天は人の上に人を造らず人の下に人を造らずと言えり」は有名でしょう。しば

※鈴木正三　一五七九〜一六五五年、江戸時代初期の禅僧。もともと徳川家に仕える三河武士で、関ヶ原の戦いや大坂冬の陣にも参加。一六二〇年に出家し、「どんな職業であれ、懸命に働くことが修行」とする『万民徳用』を著した。

※石田梅岩　一六八五〜一七四四年、江戸時代中期の商人、のちに思想家、石門心学の開祖。長く京都の商家で働く傍ら儒教や仏教などを学び、商人道徳を説く。その思想は商人の地位向上に貢献し、多くの信奉者を集めた。

しば誤解されますが、この「人類は皆、平等だ！」という天賦人権説がこの本の主旨ではありません。それどころか「一般的にはそう言われているが」という〝前フリ〟にすぎず、「実際には人によって大きな差がある」と説いているのです。

では、その差はどうして生まれるのか。福沢は以下のように述べています。

〈その次第はなはだ明らかなり。『実語教』に、「人学ばざれば智なし、智なき者は愚人なり」とあり。されば賢人と愚人との別は学ぶと学ばざるとによりてできるものなり。また世の中にむずかしき仕事もあり、やすき仕事もあり。そのむずかしき仕事をする者を身分重き人と名づけ、やすき仕事をする者を身分軽き人という。すべて心を用い、心配する仕事はむずかしくして、手足を用うる力役《りきえき》はやすし。ゆえに医者、学者、政府の役人、または大なる商売をする町人、あまたの奉公人を召し使う大百姓などは、身分重くして貴き者と言うべし。

身分重くして貴ければおのずからその家も富んで、下々の者より見れば及ぶべからざるようなれども、その本《もと》を尋ぬればただその人に学問の力あるとなきとによりてその相違もできたるのみにて、天より定めたる約束にあらず。〉

いささか露骨な言い回しで、今日の識者の発言だとすれば物議を醸すでしょう。しかし要するに**出自とは関係なく、単に勉強するか否かが分かれ目**、というわけです。だから「学問のすゝめ」なのです。

当時、こういう本が広く読まれたということは、それだけ多くの人が向学心に燃えていたのでしょう。実際、世の中から身分制度はほぼ消え、家計が許せば誰でも勉強によって教育を受けられる道が整いつつありました。さらには、その後の立身出世の道も開かれ、全国の優秀な人材が中央に集まるようにもなりました。

これが若者にとってどれほどモチベーションになったか、想像に難くありません。優秀な人ほど、「東京でひと旗揚げよう」と青雲の志を抱いたと思います。「上京力」とでも言える力が日本中にわき上がったのです。中央集権による国家づくりを進める政府にとっても、これは都合が良かったはずです。急ピッチな近代化は、彼らの尽力によって成し遂げられたわけです。

余談ですが、勉強がいかにその人の精神や感情に多大な影響を及ぼすか、私も先日あらためて実感しました。大学入試の採点で、私は四人ひと組になって漢文を担当したのですが、その問題文は**林《はやし》羅山《らざん》**※にまつわるものでした。江戸時代初期の儒学者である林羅山は、幕府直轄の昌平坂《しょうへいざか》学問所の礎を築いた人物であり、たいへんな勤勉家でもありました。老年になってからも、少年のような志を

※林羅山　一五八三〜一六五七年、江戸時代初期の儒学者、朱子学者。徳川家康から第四代将軍の家綱まで、侍講（君主に学問を教える役職）を務める。第五代綱吉は羅山の私塾を湯島に移転、これが「湯島聖堂」の発祥であり、約一〇〇年後ここに「昌平坂学問所」が開設された。

持って勉強し続けたのです。設問は、まさにその勤勉さに関するものでした。

すると不思議なもので、私たち自身がすっかり勤勉になってしまいました。採点は重労働です。途中で休憩を入れながら進めるのがふつうなのですが、誰も「休もう」とは言わなくなりました。ずっと「勤勉」という文字を追い続けているうちに、〝言霊《ことだま》〟のようなものに感化されたのかもしれません。言葉には、こういう即効的な効果もあるのです。

東大法学部が全国から優秀な人材を集め、優秀な官僚を育成

ところで、昌平坂学問所に代わり、明治時代に官立の最高学府と位置づけられたのが、一八七七年(明治一〇年)に設立された**東京大学**(のちに東京帝国大学と改称)です。前述のように、中央を志向する優秀な学生たちにとっての頂点でした。

当初は法学部・理学部・医学部・文学部の四学部で構成されましたが、このうち法学部の果たした役割は大きい。今日でもそうですが、官僚のほとんどが輩出する機関となったのです。

日本の成功には官僚制が寄与しています。国家の近代化には、産業を興したり、鉄道や学校、病院などのインフラを整えたり、税制や医療制度を確立したり等々、膨大な作業が必要になります。その実務を担うのが官僚たちです。高度な処理能力が求められることは、言うまでもありません。彼らが優秀だったからこそ、近代化が成し遂げられたのです。

東京帝国大学正門

その人材を大量に供給し続けたのが、東大法学部なのです。むしろ最初から〝**官僚養成学校**〟だったと言ってもいいでしょう。その意味では、他の大学・学部とはまったく存在理由が違うわけです。

私が学生だったころも、この伝統は残っていました。就職シーズンによく飛び交ったのが、「民間」という言葉です。どの会社に就職するかではなく、官僚になるか民間に行くかという選択だったわけです。一般の大学では、多くの卒業生が当たり前のように民間企業に就職するので、わざわざ「民間」と表現することはありません。

また、日本の官僚は腐敗が比較的少ないことも大きな特徴です。今も昔も、海外には官僚自体が腐敗し、賄賂や汚職が横行している国がよくあります。それに比べれば、日本の官僚はときどき天下り等の問題を起こすことはあるものの、比較的健全でしょう。汚職にまみれた官僚の率が高いとは、とても言いがたいと思います。

一般に「官僚的」というと、あまりいい意味では使われません。たしかに硬直的、保守的な面もあります。しかし、早朝から深夜まで働き続ける官僚が多いことも事実です。そのあたりは、城山三郎の有名な小説**『官僚たちの夏』**※に描かれているとおりでしょう。しかも生涯年収で見れば、例えば民間金融機関より少ない。国のために働こうという誠実な志を持つ官僚は多かったと思います。

いくら立派なシステムを導入しても、運用する側に志がなければ機能しません。近代国家の黎明期であれば、なおさらです。そういうメンタリティの強化に役立ったのが、江戸時代の寺子屋の伝統であり、明治時代に早々に立ち上がった公平・平等を宗《むね》とする学制の成果でした。志ある優秀な官僚の養成が、近代化のカギだったのです。

このような歴史を考えると、今日の格差社会による教育格差の問題はやはり深刻でしょう。よく報じられるとおり、昨今の大学生の親の収入調査をすると、東大生の親がもっとも高いそうです。おそらく親に勉強の習慣があり、結果として高収入を得て、子どもにも教育費をかけるという循環ができているのでしょう。

それ自体は悪いことではありませんが、親の収入の多寡によって子どもの教育機会に不平等が生じることは否定できません。それが階層の固定化につながることも明らかです。親の収入がどうであれ、向学心のある子どもが存分に学べる環境を用意することが不可欠でしょう。それが、明治の成功の歴史に学ぶということでもあります。

昔も今も変わらない、官僚組織の問題点とは

ただし、官僚制度にも問題がなかったわけではありません。

その最たるものが、**責任の所在が明らかにならない集団である**ということです。この構図は、昔も今も変わりません。

比較的最近の例でいえば、いわゆる**ゆとり教育**をめぐる顚末《てんまつ》も典型でしょう。学習内容を三割減らし、学習時間も減らした挙げ句、学力低下を招いたという批判を受けました。すでに文部科学省自身が珍しく完全否定し、大幅な見直しを行いましたが、このカリキュラムによる教育を受けた子どもたちの時間を巻き戻すことはできません。

私は数年にわたり、いわゆる〝ゆとり世代〟と大学で遭遇してきました。たしかに学力も問題ですが、何より本人たちが「〝ゆとり〟なので……」とコンプレックスを抱えてしまっていることが気がかりです。〝傷〟と言っては大げさですが、「文科省によって否定された勉強不足の世代」というマイナスの自己規定は、生涯ついて回ると思います。

もちろん、それは彼らの責任ではありません。明らかに国であり、文部科学省であり、この政策を

※『**官僚たちの夏**』 初版の刊行は一九七五年。高度経済成長期、経済産業政策を担う通産省官僚の猛烈な働きぶりを描いた作品。実在の官僚をモデルにしたことでも知られる。

導入した官僚に責任があります。ところが現実には、誰も責任を取っていないのです。

一事が万事、どのような失策があっても、概して官僚は責任を問われません。そういう集団が権力を持ちすぎている構造には、やはり問題があります。

そこで重要な役割を担うのが、大臣です。国民が国会議員を選び、国会議員が中心となって首相を選び、その首相が選ぶのが大臣なので、間接的とはいえ国民から選ばれているわけで、そこには権力の正当性があります。そういう人物が意思決定し、政策に対して責任を取るのが、本来の望ましい姿でしょう。

2章のポイント

- 近代化を推し進めるため、中央の象徴として天皇を君臨させた。
- 制度としての「武士」は廃止されたが、「武士の魂」は残り、近代化の原動力となった。
- 日本人の特性といえる「団結力」は、明治初期における新しい国づくりのプロセスで大きな力となった。
- 西欧へ派遣された使節団は積極的に見聞を広め、国づくりに貢献した。
- 早期の教育制度の確立は近代国家成立に大きな役割を果たした。

3章

「戦争の時代」の幕開け

——すべては対ロシア戦略だった

3章 まとめの年表「『戦争の時代』の幕開け」

ほぼ5〜10年、時には2年おきに戦争に明け暮れた時代だった

1874年（明治7年）　台湾出兵

↓　20年後　↓

1894年（明治27年）日清戦争

↓　6年後　↓

1900年（明治33年）義和団事件

↓　4年後　↓

1904年（明治37年）日露戦争

↓　6年後　↓

1910年（明治43年）韓国併合

↓　4年後　↓

1914年（大正3年）　第一次世界大戦

↓　4年後　↓

1918年（大正7年）　シベリア出兵

↓　9年後　↓

1927年（昭和2年）　山東出兵

↓　4年後　↓

1931年（昭和6年）　柳条湖事件。満州事変

↓　6年後　↓

1937年（昭和12年）盧溝橋事件、日中戦争

↓　2年後　↓

1939年（昭和14年）ノモンハン事件

第二次世界大戦

↓　2年後　↓

1941年（昭和16年）太平洋戦争

1945年（昭和20年）ポツダム宣言受諾、太平洋戦争終結

戦争に明け暮れた日々

明治末期から昭和初期まで、日本の歴史は戦争の連続でした。大規模なものとしては日清戦争（一八九四〜一八九五年）、日露戦争（一九〇四〜一九〇五年）、第一次世界大戦（一九一四〜一九一八年）、そして太平洋戦争（一九四一〜一九四五年）の四つが挙げられますが、それだけではありません。

一八七四年（明治七年）には早くも台湾に出兵し、一九〇〇年（明治三三年）には義和団事件で西欧列強とともに中国へ進軍しています。一九一八年（大正七年）にはシベリアに、一九二七年（昭和二年）には山東にも出兵しています。一九三七年（昭和一二年）からは盧溝橋《ろこうきょう》事件をきっかけとして日中戦争が始まり、一九三九年（昭和一四年）にはノモンハン事件でソ連軍と戦って多大な損害を出しています。

つまり、**ほぼ五〜一〇年、時には二年おきくらいのペースで断続的に戦争を繰り返していた**わけです。ほとんど戦争が日常化していたといってもいいでしょう。

その波状攻撃のようなプロセスにおいて、日本はしだいに西欧列強に追いつく程度の国力・軍事力を蓄えていきました。もちろん、**戦争は国家に損害や消耗、疲弊をもたらしますが、近代化も進める**のです。

これには二つのルートがあります。一つは**産業の近代化**。兵器の生産を質・量ともに高める必要に迫られるため、主に重工業が著しく成長するわけです。そしてもう一つは**国家体制の近代化**。戦争には軍隊が必要ですが、その強化を図るには、号令一下で動くような中央集権的な組織づくりが欠かせません。さらには、その威力を使って国家全体を統率することもでき、他国から侵略されない体制を整えることもできたのです。

日本だけが特殊だったわけではありません。どの国家でも、近代化と戦争、それに伴う軍隊の充実はだいたいセットになっています。その結果、**近代戦を戦った国と戦っていない国とでは、近代化において大きな差が生まれた**のです。

ただし、軍隊の充実＝軍国主義かというと、かならずしもそうではありません。軍国主義とは、軍隊が政治の主導権まで握り、軍隊の論理で動かすことを指します。例えば陸軍出身の武官が総理大臣になり、政党より陸軍の主張を優先するようになれば、これは軍国主義でしょう。

たしかに昭和に入り、日中・日米の関係がいよいよ緊迫してくると、陸軍の**東条英機**《とうじょうひでき》※が首相に就任するなど軍事政権の色合いが濃くなります。しかし明治・大正を通じては、いわゆる文民統制が利いていた。富国強兵に邁進《まいしん》はしたものの、必ずしも軍国主義国家ではなかったと思います。

警戒のための「膨張」が摩擦を生むジレンマ

前述のとおり、日本にとって初めての大きな戦争となった日清戦争が起きたのは一八九四年（明治二七年）。つまり、大政奉還から三〇年も経っていません。その間に日本は一気に近代化を進め、西欧列強より二周ほど遅れた状態から、その集団の最後尾に位置するあたりまで追い上げました。その勢いに乗るように、日清・日露戦争の時代に突入していくわけです。

この両戦争を総括するキーワードは、「**膨張**」だと思います。国力が充実してくると、さらに勢力や権益を拡大しなければという、ある種の強迫観念のようなものが生まれるのです。その最たる例が、**エネルギー需要**でしょう。生産力が向上してくると、より多くの燃料が必要になる。それを憂いなく確保するために、その資源のある地域を植民地的な存在として確保したくなるわけです。あるいは耕地として、鉱石などの原材料を獲得する場所として、なおかつマーケットとしても魅力があります。

これは従来、西欧列強が競いながら行ってきたことです。彼らに追いつくことを至上命令としていた日本としては、植民地化も模倣したわけです。言い換えるなら、冷静に考えれば植民地はかならずしも必要ではなかった。いくら富国強兵を進めていたからといって、朝鮮半島に進出する必然性はあまりなかったのです。

ところが一八九〇年（明治二三年）、時の首相・山縣有朋《やまがたありとも》は朝鮮半島を「利益線」と呼び、軍備拡張を訴えます。国境線を守るために、その外側の朝鮮半島も勢力圏下に置くべきというわけです。

※**東条英機**　一八八四～一九四八年、陸軍軍人、政治家。太平洋戦争開戦直前の一九四一年一〇月に内閣総理大臣に就任。戦局の悪化とともに、陸軍大臣、参謀総長も兼任するが、四四年七月に総辞職。東京裁判では「開戦の責任は自分にあり、天皇は渋々同意しただけ」との姿勢を貫いた。

その背景にあったのは、ロシアへの恐れです。戦う相手が清国であり、戦場が朝鮮半島だったとしても、それは**南下してくるロシアを事前にくい止めようという意図によるものでした。**いわば城の本丸に攻め込まれないよう、あらかじめ城郭を広げて外堀を掘っておくようなものです。日本自体も膨張していましたが、ロシアも膨張していた。そこに摩擦が生まれるため、さらに膨張で対抗しようとしたわけです。

当時の日本の戦争を主導していたのは、陸軍です。**その陸軍が仮想敵国としていたのが、**清国でも朝鮮でもなく、ひとえに**ロシアでした。**そもそも**陸軍が設立された最大の要因が、ロシアの脅威に備えることだった**のです。

清国も大国ではありましたが、実はさほど脅威ではありませんでした。国家として弱体化していたし、歴代の中国の王朝は「冊封《さくほう》」と呼ばれる外交を展開してきたからです。これは周辺国と主従の関係を結ぶことで、それぞれに統治を任せる政策を指します。つまり商工貿易的に権益を拡大することはあっても、軍事的に支配するようなことはさほどなかったのです。歴代の中国は国境を接する朝鮮半島でさえ、露骨に統治下に置いたことはありません。まして海を隔てた日本に軍事的な攻撃を仕掛けてくるとは、考えにくかった。つまり**日本にとって清国は仮想敵国ではなかった**わけです。

しかし、ロシアの膨張政策にはトルコも苦しめられていたし、植民地としてインドを抱えるイギリスも警戒していました。またアジア方面では、一八九一年にロシアのモスクワと極東のウラジオストクを結ぶシベリア鉄道の建設が始まります（日露戦争が始まる一九〇四年に全線開通）。完成すれば、東アジアへも一気に兵力を集中できます。その建設段階から、日本がどれほど脅威を感じていたかは想像に難くないでしょう。当時は「恐露病」という言葉も流行していたそうです。

膨張するロシアに対処するには、自らも膨張して備えるしかない。それが山縣有朋の提唱した「利益線」の考え方であり、実際に日本はその方向で動き出します。まだ切迫した状況ではなかったという意味では、やや過剰反応だったかもしれません。それがロシアをかえって刺激し、最終的には膨張合戦の様相を呈します。

これを国際政治用語で「**セキュリティ（安全保障）ジレンマ**」といいます。

安全を求めるあまりに過剰防衛に走ると、それが相手国からは膨張に見え、脅威と感じるようになる。相手国も対抗措置として過剰に防衛しはじめると、自国にとってはそれがますます脅威になる。そんな悪循環によって、もともと戦争を意図していたわけではない両国間で衝突が起きてしまう、というわけです。**日清戦争はその過程で起きたものであり、日露戦争はその最終型といえる**でしょう。

日清戦争の舞台は朝鮮半島、しかし遠因はロシアにあり

そもそも**日清戦争の発端は、朝鮮の支配権をめぐる対立にあります。**一八九四年（明治二七年）、朝鮮半島で役人の不正に怒る農民による大規模な反乱が発生します。これを**東学党《とうがくとう》の乱（甲午農民戦争《こうごのうみんせんそう》）**といいます。朝鮮の閔《びん》氏政権はこれを鎮圧するため、清国に出兵を要請。また日本も在留邦人の

日清戦争の風刺画。「CORÉE（朝鮮）」と書かれた魚を日本と清が吊り上げようとするのを、ロシアが狙っている

保護を名目に出兵します。やがて反乱は収束し、閔氏政権は日清両軍に撤退を要請するものの、両軍ともにこれを拒否して対峙し続けたのです。

朝鮮半島はもともと清国が宗主国としてコントロール下に置いていましたが、前述のとおり日本は「利益線」の発想により、自国の防衛もしくは植民地化のために手に入れようとした。そこで、朝鮮の混乱に乗じて出兵し、居座ります。ここに火種が生まれるわけです。

このとき、日本が主張したのは「朝鮮を清の支配から解放し、完全に独立させる」ということです。あるいは朝鮮半島に対しては、「清国から保護する」という言い方をした。もちろんこれは表向きで、**実質的には清国の勢力を排除し、自分の支配下に置こうとした**わけです。当地の人々にとっては傲慢としか映らなかったでしょうが、ここで日清の利害は決定的に対立し、海戦を端緒として戦争に至ります。

実はこのとき、もうひとつやっかいなことがありました。ロシアが日本に対し、朝鮮半島から撤退するよう勧告してきたのです。それも「拒否すれば日本政府は重大な責任を負うことになる」という、さながら脅しのような公式文書でした。

しかし日本は、これを突っぱねます。その経緯を、時の外務大臣だった陸奥宗光《むつむねみつ》は、回想録『蹇蹇録《けんけんろく》』（岩波文庫）で生々しく綴っています。文書をロシア公使から受け取った陸奥は、ただちに首相の伊藤博文のもとへ走って伺いを立てます。

このとき、伊藤は文書を一読すると、静かに以下のように言い放ったそうです。

〈吾人《ごじん》は今に及び如何《いか》にして露国の指教に応じ我が軍隊を朝鮮より撤去し得べきや〉

この期に及んでロシアの指図を受ける必要があるだろうか、ということです。同意見だった陸奥は、我が意を得たりとばかり、「将来事局の艱易《かんい》は一に我儕《わがせい》二人の責任に属す」と言い切っています。これが書かれたのは日清戦争終結から間もない時期のようですが、以下のような熱い文言もあります。

〈嗚呼《ああ》、余は今において当時の事情を追想するも、なお悚然《しょうぜん》膚《はだ》に粟《あわ》するの感なき能《あた》わざるなり。けだし当時伊藤と余との晤談《ごだん》は実に両言にして定まれり。黙諾の間彼此《ひし》意見の同じきを見たり。しかれども試みに思え、もし当時余と伊藤との意見相異なるか、あるいはその意見を異にせざるも、もし彼此共に反対の方向に判断を下したりとせば、当時の事局如何に変転したるべき乎《か》。今日我が国が世界に誇耀《こよう》する勲績、光栄はなおこれを得たるべしとする乎《か》。〉

国家の命運を左右するリーダーの決断がどれほど重いものか、ひしひしと伝わってくる気がしないでしょうか。

日清戦争で日本が得たもの、失ったもの

結局、**日清戦争は約八ヵ月の戦闘の後、日本の圧勝で終了します。**清国を朝鮮から撤退させ、さらに遼東《りょうとう》半島、澎湖《ほうこ》諸島、台湾を奪取します。戦死者は約一四〇〇人（ただし病死者は約一万二〇〇〇人）。大量殺戮《さつりく》兵器が投入される近代戦よりやや前の時期だったこともあり、その後の戦争に比べれば、日本が受けたダメージは大きくありませんでした。**この〝成功体験〟が、むしろ日本を悪い方向に導くことになります。**

一方、清国は甚大な影響を受けます。戦闘による人的被害もさることながら、**大国に見えた同国が実は非常に弱体化しているということを、世界中に知らしめてしまった**のです。

あるいは西欧には、日清戦争を「文明対野蛮の戦い」とする見方もありました。日本は西欧を見習って近代化している文明国であり、清国は未開の野蛮国であり、文明国が野蛮国を圧するのは歴史

ミニ年表 **日清戦争をめぐる出来事**

1875年（明治8年）	江華島事件 POINT **これを機に日本は朝鮮に開国を迫る**
1876年（明治9年）	日朝修好条規を締結
1882年（明治15年）	朝鮮の首都、漢城（現・ソウル）で壬午軍乱勃発 POINT **日清それぞれが朝鮮に対する支配を強める結果に**
1885年（明治18年）	日清間で天津条約締結。朝鮮からの両国軍撤兵、将来の朝鮮出兵の際の相互通告などを定める
1890年（明治23年）	山縣有朋首相、朝鮮半島を「利益線」と呼び軍備拡張を訴える
1894年（明治27年）	東学党の乱（甲午農民戦争）。日清戦争へ
1895年（明治28年）	下関条約締結。その6日後の露・仏・独による「三国干渉」により、日本は下関条約で得た遼東半島を清国に返還 POINT **日本国民に、対露強硬論高まる**

の必然、というわけです。これは、近代化を成し遂げた西欧列強の論理、帝国主義の論理を正当化しようという意識の表れでしょう。

これを契機として、それまでアフリカの分割・植民地化を競ってきた西欧列強が、アジアにも目を向けるようになりました。中でも**中国は〝主戦場〟となり、一八四〇年のアヘン戦争以来、あらためて各地が半植民地化されていく**のです。ちなみに「半植民地」とは、一国が完全な支配下に置くのではなく、複数の国が相互に干渉しながら権益を分け合う状態を指します。その便宜上、中国は独立国家であり続けますが、身ぐるみ剝《は》がされるという意味では完全な植民地に近いものがあります。

こうした西欧列強の動きに、日本は〝悪ノリ〟します。何より、**中国を見下すような風潮が生まれた**のです。日清戦争前まで、日本人は中国の文化や伝統に対し、むしろ畏敬の念を持っていました。例えば明治から昭和を生きた元新聞記者の作家・生方敏郎《うぶかたとしろう》は、世相を軽妙に綴った『明治大正見聞史』（中公文庫）の中で、戦前の国民感情について以下のように述べています。

〈私たちはこの戦の始まるその日まで支那人を悪い国民とは思っていなかったし、まして支那に対する憎悪というものを少しも我々の心の中に抱いてはいなかったのだから。〉

〈学校で毎日教わる文字も支那の文字だ。それから三十年も経過した今日のように西洋の文明が沢山這入《はい》って来ていないその頃の日本の文明の九分九厘は、由来をたずねると皆支那から渡来したものだった。〉

〈私等子供の頭に、日清戦争以前に映じた支那は、実はこの位立派な、ロマンチックな、そしてヒロイックなものであった。〉
〈日本人は当時支那人以上とまでは誰しも自負していなかった。ただその以下でさえなければよい、と考えていたに違いない。〉

ところが戦争で勝勢が伝えられると、この意識は一変します。

〈初めの中《うち》、内心では誰しも支那を恐れていたのだ。ところが皇軍の向うところ敵なく、実に破竹の勢となったから、俗謡も絵も新聞雑誌も芝居も、支那人愚弄嘲笑の趣向で、人々を笑わせるものが多かった。〉

こういう意識は、後の日露戦争、第一次世界大戦を経て増強され、太平洋戦争の敗北で鼻をへし折られたはずですが、今なお一部には残っています。日本にかぎらず、戦勝国の国民が敗戦国の国民を見下して差別するという態度は、人類にとって普遍的な悪癖なのかもしれません。これも戦争がもたらす悲劇の一つでしょう。

一方、こうした行く末を予見していたのが勝海舟です。談話をまとめた『氷川清話』（江藤淳・松浦玲編、講談社学術文庫）では、日清戦争を「大義がない」「大反対」として、以下のように述べています。

〈たとへ日本が勝つてもドーなる。支那はやはりスフインクスとして外国の奴らが分らぬに限る。支那の実力が分つたら最後、欧米からドシ〳〵押し掛けて来る。ツマリ欧米人が分らないうちに、日本は支那と組んで商業なり工業なり鉄道なりやるに限るよ。

一体支那五億の民衆は日本にとつては最大の顧客サ。また支那は昔時から日本の師ではないか。それで東洋の事は東洋だけでやるに限るよ。〉

さすがに慧眼《けいがん》と言わざるを得ません。西欧列強が押しかけてくるとの見方もそうですが、中国を巨大なマーケットと見ているあたりは、今日にも通用するでしょう。

その上で、「日清韓三国合縦《がっしょう》の策」を立て、清国と朝鮮の海軍まで日本が引き受ければいいと説いています。〝内輪〟で争って西欧列強につけ入る隙を与えるのではなく、むしろ協力して西欧に対抗しようというわけです。

当時の勝はすでに齢七〇を過ぎ、政治の第一線からは遠く離れていました。しかし、もし政府の全権を握っていたら、日本は日清戦争以外の道を選択していたかもしれません。その後の日本史がどう変わっていたかは、永遠の「ｉｆ（もし）」でしかありませんが。

日清戦争の賠償金で銀本位制から金本位制へ

一八九五年（明治二八年）、日清戦争の戦後処理に向け、両国は下関で講和条約を締結します。日本側の全権は伊藤博文と陸奥宗光、清国側は直隷《ちょくれい》総督兼北洋通商事務大臣の肩書を持つ李鴻章《りこうしょう》※と李《り》経方《けいほう》。これが**下関条約**です。

ここで決められたことは大きく三つ。

第一に、朝鮮半島を清国の支配から解放し、完全な独立国とする（実質的には日本の保護下に入れる）こと

第二に、清国が日本に対し、賠償金として二億両（約三億円）を支払うこと

第三に、遼東半島、澎湖諸島、台湾を日本に割譲すること

よくぞ清国が受け入れたと思うほど、日本にとって好条件ばかりです。しかし好事魔多しと言うべきか、このいずれもが、それぞれ日本の行く末に多大な影響をもたらすことになります。

※**李鴻章**　一八二三～一九〇一年、中国・清朝末期の政治家。近代的軍隊の創設、内乱の鎮圧、工業の振興やインフラ整備の他、外交まで担っていた。

まず賠償金について。**日本はこれによって巨額の資金を得たおかげで、銀本位制から金本位制に移行します。**つまり発行する通貨の価値を何で担保するかということで、当時のアジア各国は銀、西欧各国は金でした。もちろん金のほうが価値は高いので、**日本は経済的な意味でも西欧の一員に加わったことになります。**これによって海外からも国内に投資が行われるようになり、殖産興業に一段と拍車がかかったのです。

日本国民にとって、これほどおいしい話はないでしょう。もちろん軍隊に戦死者は出ていますが、国内が戦場になったわけではなく、多くの国民は〝無傷〟でした。それでいて他国から多額の賠償金を獲得し、それを経済に回すことで自分たちの生活が向上した。この経験で日本は欧米列強の論理に目覚め、悪い言い方をすれば戦争の「味をしめた」わけです。

「三国干渉」で割譲地をロシアに横取りされる

ところが、遼東半島の割譲については一筋縄では行きません。**ロシアがドイツとフランスを巻き込み、日本に対して権益を放棄するよう勧告してきた**のです。これが、いわゆる**三国干渉**です。

考えてみれば、理不尽な話でしょう。日清両国で合意したことに、関係のない第三国が口をはさむこと自体がおかしい。日本にとっては屈辱でもあります。しかし国際的な力関係上、無視することもできません。ロシアだけでも難敵なのに、そのロシアに誘われてドイツとフランスも名を連ねるとな

日清戦争。平壌の兵站《へいたん》司令部

ると、とても日本一国で太刀打ちできる相手ではない。対立の構図だけはつくりたくなかったはずです。

前出の『蹇蹇《けんけん》録』によれば、このとき政府は急遽《きゅうきょ》広島で御前会議を開き、その場で伊藤博文が三つの案を提示したそうです。

第一案は、勧告の拒絶。第二案は、列国会議を招請して是非を協議。第三案は、勧告を受け入れて遼東半島を清国に返還。

このうち第一案については、最初に「無理」との結論に達します。

〈昨年来長日月の間、戦闘を継続したる我が艦隊は固《もと》より人員、軍需共に疲労、欠乏を告げたり、今日において三国聯合《れんごう》の海軍に論なく、露国艦隊のみと抗戦するもまた甚《はなは》だ覚束《おぼつか》なき次第なり。故に今は第三国とは到底和親を破るべからず〉

というのが、その理由です。そして結局、政府は三国に譲歩し、第三案の「返還」を選択せざるを得ないという方針を決定するわけです。三国への返答の文言は、以下のとおりです。

〈日本帝国政府は露、独、仏三国政府の友誼ある忠告に基づき、奉天（筆者注：遼東）半島を永久に所領することを抛棄するを約す〉

要するに三国の圧力に屈したわけで、どれほど悔しい思いをしたか、想像に難くありません。しかもその直後、ロシアは日本が返還したばかりの遼東半島の西端・旅順および大連湾を租借します。その外交のしたたかさ、悪く言えば悪辣さは、さながら〝仁義なき戦い〟のようです。

当然ながら、国民は納得しません。せっかく戦争で勝ち取ったものをなぜ返す必要があるのか、なぜみすみすロシアに奪われなければならないのか、というわけです。しかし相手がロシアである以上、我慢するしかないという気にもなる。

そこで政府は、しきりに「臥薪嘗胆《がしんしょうたん》」という言葉を使い、国民に理解を求めました。周知のとおり、これは「薪の上に寝て苦い胆を舐《な》め、苦しい思いをすることで屈辱を忘れず、いつか復讐を果たそう」という意味の中国の故事成語です。中国本土の割譲をめぐる話に中国の言葉を使うのも皮肉なものですが、政府としては、これぐらいしか国民感情を鎮める手立てがなかったのでしょう。

今日でもそうですが、外交は食うか食われるか、弱肉強食の部分があります。当時はその傾向がもっと強く、西欧列強が力任せに国益を追求していました。その中で、日本は食えるはずのものを横取りされた。**列強に近づいたという自信とともに、まだまだ遠いという劣等感を味わったのが日清戦争だったといえるでしょう。**これが、日露戦争へのエネルギーとして蓄積されていくわけです。

言い換えるなら、当時の国民は戦争に巻き込まれたというより、熱くなって戦争を望んだ面もあるということです。むしろ外交の矢面に立つ為政者のほうが、よほど冷静でした。例えば『軍国日本の興亡』（猪木正道著、中公新書）では、陸奥宗光の以下の言葉を紹介しています。

〈わが国民の熱情は、諸事往々主観的判断のみに出で、毫《ごう》も客観的考察をいれず、ただ内を主とし、外を観ず。進んで止ることを知らざる形勢なり。〉

国民の熱情は、主観的にすぎ、進もうとするばかりで止まることを知らない、と言っています。「戦争は政府がしたがるもので国民は反戦的」という図式は、成り立っていなかったのです。

朝鮮半島支配は、日朝それぞれ「不幸の萌芽」に

そしてもうひとつ、よく考えてみるべきは、**朝鮮半島の存在**です。日清戦争は、朝鮮の支配権をめぐる戦いでした。戦場はほとんど朝鮮半島とその周辺の海域です。しかし朝鮮国やその人々の意思は、

何も反映されていません。彼らをまったく蔑《ないがし》ろにした戦争だったわけです。

振り返れば、明治維新から間もない一八七六年（明治九年）の段階で、日本は朝鮮と「日朝修好条規」を締結します。これは朝鮮側に治外法権を認めさせ、関税自主権を放棄させるという不平等条約です。先に述べたとおり、**日本は開国にあたって西欧列強と不平等条約を結ばされ、たいへんな苦労をします。ところが同じ苦労を、朝鮮にも味わわせてしまった**わけです。

また、山縣有朋が朝鮮半島を日本の国境線ならぬ「利益線」と称したことも前述のとおり。これによって、**朝鮮は日本にとって防衛目的に利用される場所になりました。**

さらに日清戦争終了直後には、日本の朝鮮公使が朝鮮国王の王妃・閔妃《びんひ》を暗殺するという事件も起きています。閔妃がロシアの力を借りて日本の勢力を排除しようとしたことに対する措置で、軍人と民間人を王宮に侵入させて閔妃を惨殺した上、その場で焼き払いました。これを**乙未事変《いつび》**といいます。

その過程では、閔妃を探すために王宮中を荒らし回り、女官などにも容赦なく斬りつけたりしたらしい。現場にいた複数の外国人がその様子を目撃したことから、「日本人＝野蛮人」というイメージが世界に拡散されました。

いずれにせよ、当時の日本が朝鮮という国家をまったく尊重していなかったことは間違いありません。だから日清戦争後に朝鮮半島を保護下におくことにも、何らためらいがなかったわけです。

そして、ひとたび権益を手にしてしまうと、なかなか退けなくなるのが国際政治というものです。もともと朝鮮半島はエネルギーが格別に豊富なわけではありません。支配下に置くことによって得られる利益より、防衛やインフラ整備等の持ち出しのほうが多かったと思います。

しかもロシアとの緊張関係を余計に高め、それがのちの日露戦争につながり、満州問題につながり、太平洋戦争にまで発展して世界中から袋叩きにされた。

言い換えるなら、**朝鮮半島に進出さえしなければ、中国やロシアとのつば迫り合いはあったとしても、米英のような西欧列強まで敵に回すことはなかったかもしれません。日本の近代史における負の部分の多くは、朝鮮半島が起点になっていた**ということです。

現代日本経済史を専門とされている原朗《あきら》さんは、著書『日清・日露戦争をどう見るか』（NHK出版新書）の中で、日清戦争を「第一次朝鮮戦争」、日露戦争を「第二次朝鮮戦争」と呼ぶべきではないかと説いています。どういう性格の戦争だったかを考えれば、たしかにこのほうが真実に近いでしょう。

これを回避するチャンスも、なかったわけではないと思います。例えば、かつて政府内で西郷隆盛や板垣退助などによる「征韓論」（武力で朝鮮に開国を迫る）が台頭した際には、岩倉具視や木戸孝允、大久保利通などが「国内政治を優先すべき」と反対して頓挫させた経緯があります。また、伊藤博文は常に清との協調路線を模索し続けました。これらの方針を貫いていれば、歴史は大きく変わっていたかもしれません。

満州をめぐるロシアとの交渉決裂

日清戦争終結からわずか九年後の一九〇四年（明治三七年）、**日露戦争**が始まります。日本人が「臥薪嘗胆」を合言葉に、ロシアに対して怒りを募らせていたことは前述のとおり。そしてとうとう、やはり朝鮮半島を舞台にした武力衝突に発展するわけです。

実はこの二年前の一九〇二年（明治三五年）、日本にとって大きな変化がありました。元老・山縣有朋らの主張による**日英同盟の締結**です。当時のイギリスは大英帝国で、産業革命をいち早くなし遂げ、世界各地を植民地化するほどの勢いがありました。その大国と軍事同盟を結ぶことで、日本は大きな〝後ろ盾〟を得たわけです。

この条約は、ふたたび日本を勇気づけます。おかげで、日本中がおおいに沸き立ちました。当時、ちょうどロンドンに留学していた夏目漱石は、その様子を知って義父宛の手紙で以下のように述べています。

〈かくの如き事に騒ぎ候はあたかも貧人が富家と縁組を取結びたる喜しさの余り鐘太鼓を叩きて村中かけ廻るやうなものにも候はん。（略）これ位の事に満足致し候やうにては甚だ心元なく被存候《ぞんぜられ》が如何の覚召《おぼしめし》にや。〉（『漱石書簡集』三好行雄編、岩波文庫）

先にも述べたとおり、イギリスにとってもロシアはやっかいな相手でした。支配しているスエズ運河やインド、清国の一部に進出されては困るので、警戒を怠れません。しかし、さすがに東アジア方面までは遠すぎて面倒を見切れない。だからその部分を日本に任せようと考えたわけです。

一方、日本政府の中では、元老・伊藤博文を中心として、日露間で条約を結ぼうという意見もありました。しかし、当時の小村寿太郎《こむらじゅたろう》外務大臣が「侵略的なロシアと条約を結んでも、恒久的効果はない」として反対。かくして日英同盟に傾いたそうです。

この条約の効果はただちに表れます。ロシアは清国と条約を結び、満州から三度に分けて撤退することを約束。一度目はただちに実行されました。

ところが、二度目の期日となる一九〇三年四月になっても撤退せず、満州に居座ります。そこで政府は、ロシア側と交渉に臨みます。ロシアの満州における権益を認める代わりに、朝鮮半島については日本が優越的な立場にあることを認めさせようとした。つまり満州と朝鮮との間に線を引き、お互いに棲み分けようというわけです。しかしロシア側は、朝鮮半島における日本の権益を全面的には認めず、交渉は決裂。日本国内では、いよいよロシアに対する敵愾心《てきがいしん》が高まります。

その勢いを抑えようとしたのが、政界の重鎮となっていた伊藤博文と山縣有朋です。二人とも幕末のころは長州藩士であり、急進派でもありましたが、新政府で多くの外交経験を経て慎重派・協調派に転じていたのです。

とりわけ伊藤が決定的な影響を受けたのが、一八七一年（明治四年）から岩倉使節団の副使として

日露戦争。日本海海戦。艦船「常盤」より撮影

米欧諸国を巡ったことです。伊藤は英語が得意だったため、現地で通訳を買って出ているうちに膨大な知識や情報を吸収したらしい。その文明を目の当たりにして、「日本も早く追いつかなければならない」と強烈に意識したそうです。それには西欧と敵対するのではなく、協調路線で行くしかないと考えたのでしょう。

国民が盛り上げた日露戦争

ところが、伊藤や山縣のこうした姿勢を、世論は「軟弱」として認めなかった。**「戦争やむなし」という強硬路線が主流になっていた**のです。

その急先鋒となったのが、一九〇三年（明治三六年）六月に東京帝大法科大学を中心とする七人の学者が書いた**七博士意見書**です。**ロシアに対する主戦論を主張するもの**で、時の桂太郎《かつらたろう》首相や小村寿太郎外相に提出されました。また、全文が新聞にも掲載され、大きな反響を呼んだそうです。

大学教授や民間人は、「ロシア討つべし」と盛り上がっていたのでしょう。その気運に呼応するように、翌年二月、まず日本海軍が旅順港のロシア艦隊を奇襲することで戦端が開かれるのです。

日露戦争は、日清戦争よりずっと甚大な被害を日本にもたらしました。三〇万人、あるいは一〇八万人超とも言われる膨大な戦力が投入され、そのうち戦死者は約八万四〇〇〇人（約一二万人という資料も）にのぼったとあります。

とりわけ凄惨をきわめたのが、一九〇四年（明治三七年）の夏から暮れにかけて繰り広げられた、ロシア陸・海軍の拠点である**旅順要塞をめぐる攻防**です。すでにいくつかの海戦で、旅順のロシア艦隊はかなりの打撃を受けていました。そこでロシア側は、西端のバルト海に展開していたバルチック艦隊を極東へ投入することを決定。戦力で劣る日本側としては、その到着の前に旅順を攻略する必要に迫られたのです。

映画「二百三高地」でも知られていますが、小高い山々に築かれた堅牢な要塞に対し、**乃木希典《のぎまれすけ》大将**※率いる日本陸軍は三度にわたって正面から突撃を繰り返し、三度とも多大な犠牲者を出して失敗します。そこで三度目の途中から二〇三高地と呼ばれる丘に攻撃目標を絞り、また満州軍総参謀長だっ

※**乃木希典**　一八四九～一九一二年、陸軍軍人。西南戦争に政府軍の連隊長として参加するも、連隊旗を西郷軍に奪われた。乃木の遺書の冒頭には、以来ずっと死に場所を求めていたと記されていた。

た児玉源太郎が乃木に代わって指揮を執ることで、激戦の末に奪取。旅順港を見渡せるその頂上に観測所を設け、地上から港内のロシア艦隊を砲撃して壊滅させるのです。

これによって旅順を奪った日本は、翌一九〇五年（明治三八年）五月、東郷平八郎《とうごうへいはちろう》大将の率いる連合艦隊が万全の体制を整え、遠く喜望峰とインド洋を越えて遠征してきたバルチック艦隊を迎撃して圧勝します。これが、**日本海海戦**です。

この勝利の直後、日本はアメリカに和平の仲介を依頼します。これを受けて時の**セオドア・ルーズベルト大統領**※が両国に講和を勧告。両国ともにそれを受け入れます。ただし、その後も日本はサハリン島で進軍を続け、ロシア軍を降伏させて全島を制覇します。

ロシア軍が弱体化していたのは、ちょうどロシア革命前夜で暴動や反乱が各地で頻発していたためでもあります。また日本も、戦費が国家予算の数倍に相当する一八億～二〇億円にも達し、これ以上の戦闘は不可能な状態でした。

だいたいロシアには、長期戦化すると「冬」という強力な援軍が登場します。かつてはナポレオン率いるフランス軍も、この先にはヒトラーによるナチスドイツも、冬によって一蹴されました。深追いしたとしても、金欠な日本軍には勝ち目は薄かったはずです。**勢いのついたところで深追いせず、早々に停戦に持ち込んだことは、きわめて正しい判断でした。**

その意味では、この戦争の結果は〝痛み分け〟に近かったわけです。もちろん日本国内では、「ロシアに勝った」と大騒ぎが続きます。「臥薪嘗胆が実った」「積年の恨みを晴らした」と喜びを爆発させます。

しかし実態は、薄氷の勝利だった。それを反映しているのが、講和のために結ばれた**ポーツマス条約**です。

条件より講和を優先した「ポーツマス条約」

アメリカのポーツマスで行われた講和会議に出席したのは、日本側が小村寿太郎、ロシア側がセルゲイ・ウィッテ。外務大臣の小村は、当時の日本政府にとって外交のエースでした。

会議の焦点は大きく二つあります。一つは**賠償金**。日本側は戦費にあたる一八億円を要求しますが、ロシア側は拒否。ウィッテは「賠償金を払うくらいなら戦争を継続する」とまで言い放ったそうです。

仲介役のルーズベルト大統領が、賠償金額を一二億円、六億円と引き下げる提案を行いますが、ウィッテはこれも受け入れません。もう一つの焦点は、**領土問題**。日本側は戦闘で奪ったサハリン島の割譲を要求しますが、ロシア側は拒否しました。

協議は一ヵ月にわたって断続的に行われましたが、並行線のまま進展しません。小村がいよいよ決

※**セオドア・ルーズベルト**　一八五八〜一九一九年、アメリカの軍人、政治家。第二六代大統領。ポーツマス条約の斡旋により、ノーベル平和賞を受賞。「テディベア」の名の由来にもなっている。

裂を覚悟して日本政府に意向を打診したところ、「賠償金・領土ともに放棄してでも講和を優先すべき」との返信を受け取ります。とにかくロシアの脅威を払拭したい、という強い意志が感じられます。

一方、ロシア側も、サハリンの南半分だけなら割譲するという譲歩案を提示します。こうしてようやく、ポーツマス条約の締結に至るわけです。これにより、日本は朝鮮半島における独占的な支配権を維持するとともに、旅順と大連の租借権、サハリン島の南部などを獲得します。

しかし、**朝鮮半島は以前から実質的に日本の支配下にあったし、サハリン島も戦闘では全島を占領したにもかかわらず、それを半分に削られたわけです。しかも賠償金はゼロ。**戦勝に沸き立った日本国民はひどく落胆し、同時に怒りを爆発させました。とりわけ小村は、非難の的となりました。

条約の調印が行われた一九〇五年（明治三八年）九月五日には、東京の日比谷公園で締結反対を呼びかける大規模な決起集会が開かれます。そこで掲げられたスローガンは「十万の忠魂と二十億の負担とを犠牲にしたる戦勝の結果は、千歳拭《ぬぐ》うべからざる屈辱と列国四囲の嘲笑とのみ、ああ果して誰の罪ぞや」。

この集会は単なる集会では終わらず、大衆が暴徒化し、内務大臣官邸や外務省、警察署、交番、政府系と目された国民新聞社などを襲撃します。あるいはロシアと関係の深い日本正教会やニコライ堂、米国公使館やキリスト教会なども攻撃の対象となりました。これが**日比谷焼打《やきうち》事件**です。

さらに問題はこの後。**日清・日露戦争で多くの犠牲を払った末に獲得した朝鮮半島や清国の権益を、せめて死守しようという意識になる。だから多くの日本人が移り住み、軍隊が常駐し、内外の敵から**

ミニ年表　ロシアをめぐる出来事

1895年（明治28年）	朝鮮国王の王妃・閔妃、暗殺される（乙未事変）。閔妃はロシアと組んで日本の勢力排除を目指していた
1902年（明治35年）	日英同盟締結。イギリス、日本と手を組んでロシアの東方進出に歯止めをかけようとする
1903年（明治36年）	七博士意見書。ロシアに対する主戦論を展開
1904年（明治37年）	日露戦争勃発。シベリア鉄道開通。ロシアの脅威迫る 日韓議定書および第一次日韓協約締結。韓国に戦争協力を求める
1905年（明治38年）	ポーツマス条約締結 日比谷焼打事件。日露戦争の勝利にもかかわらず日本にとって成果の少ない結果に怒りを爆発させた民衆が起こした

死守しなければならなくなる。これが、戦火の絶えない歴史をつくり、また太平洋戦争においては国民の戦意を掻き立てることにもなるのです。

ところで、日露戦争における日本の薄氷の勝利には、世界中が驚き、また賞賛しました。とりわけ喜んだのがトルコやフィンランドなど。いずれもロシアの圧力に苦しめられてきたので、日本が一矢報いてくれたと快哉《かいさい》を叫んだわけです。

あるいはインドのネルー首相も、以下のように日本を讃えています。

〈かくて日本は勝ち、大国の列にくわわる望みをとげた。アジアの一国である日本の勝利はアジアのすべての国ぐにに大きな影響をあたえた。わたしは少年時代、どんなにそれに感激したかを、おまえによく話したことがあったものだ。たくさんのアジアの少年、少女、そしておとなが、同じ感激を経験した。（略）日本の勝利は、西洋の新産業方式の採用のおかげだとされている。この、いわゆる西洋の観念と、方法は、このようにしていっそう全東洋の関心をあつめることになった。〉

（『父が子に語る世界歴史　3』大山聰訳、みすず書房）

この背景には、人種的な劣等感の払拭という面もあると思います。白人が文明をつくり、ルールをつくり、世界を支配する中、有色人種である日本人がわずか三〇年ほどで一気に近代化を成し遂げ、それを打ち負かした。この事実が、多くの有色人種を勇気づけたわけです。

伊藤博文の暗殺は、日韓両国にとって悲劇だった

ただし、ネルーは以下のようにも述べています。

〈ところが、その直後の成果は、少数の侵略的帝国主義諸国のグループに、もう一国をつけ加えたというにすぎなかった。（略）帝国主義国というものは、相手のものをはぎとりながら、へいきで善意の保証をしたり、人殺しをしながら生命の神を聖公言したりする、下卑たやりくちの常習者なのだ。〉

〈日本はその帝国政策を遂行するにあたって、まったく恥を知らなかった、日本はヴェールでいつわる用意もせずに、大っぴらで漁りまわった。〉（同書）

ネルーが指摘しているのは、日露戦争後の朝鮮（一八九七年より「大韓帝国」）に対する動きです。まず戦争中の一九〇四年（明治三七年）、日本は韓国と**日韓議定書**、**第一次日韓協約**を相次いで締結します。これは、**韓国に戦争への協力を求めるものであり、また植民地的な支配を一歩進めるもの**でもあります。例えば、日本政府の推薦する者を韓国政府の財政・外交顧問として配置し、韓国政府はその指示に従わなければならないとされました。

また一九〇五年（明治三八年）には、**第二次日韓協約**を結びます。これは「第一次」よりさらに一

歩踏み込み、韓国皇帝の下に「統監」というポストを新設して日本人が就任し、**韓国の外交権をほぼ日本が掌握する内容です。**

この協約に至るには、二つの背景があります。一つはアメリカの〝お墨付き〟を得たこと。ちょうどアメリカのポーツマスで日露の講和会議が開かれていたころ、東京ではアメリカのウィリアム・タフト陸軍長官と桂太郎首相の間で協議が行われ、**アメリカは日本の韓国に対する支配権を認め、日本はアメリカのフィリピンに対する支配権を認めるという「桂・タフト協定」を結びます。**ポーツマス条約と併せると、日本は韓国に対する支配的な地位を、米露の両大国から認められたわけです。

もう一つの背景は、韓国皇帝の高宗が第一次日韓協約への不満を伝える密使をロシアに送っていたこと。これが日本に発覚し、支配体制を強化する口実を与えてしまったわけです。

さらに二年後の一九〇七年（明治四〇年）にも、同じような顛末から**第三次日韓協約**が結ばれます。高宗はオランダのハーグで開かれていた万国平和会議に合わせて密使を送り、第二次日韓協約への不満と外交権の復権を西欧列強に訴えますが、各国ともにこれを却下。立場を失った高宗は、退位に追い込まれます。これを「ハーグ密使事件」といいます。

この一件から、日本はさらに韓国政府への干渉を強め、第三次日韓協約締結へとつながるわけです。統監が官僚の任免権まで持つようになり、また日本人も登用されるようになりました。さらに韓国軍は解散させられ、司法権・警察権も統監が担うことになります。**外交のみならず内政にまで、日本が強い影響力を行使できるようになったのです。**

ミニ年表　韓国併合までの流れ

1873年（明治6年）	国内で「征韓論」高まるも、大久保利通・木戸孝允らの反対に遭い征韓派である西郷隆盛・板垣退助らは辞職（明治六年の政変）
1875年（明治8年）	江華島事件。日本政府、朝鮮を挑発し江華島の永宗城を占領
1876年（明治9年）	日朝修好条規（江華条約）締結
1882年（明治15年）	朝鮮の首都、漢城（現・ソウル）で壬午軍乱勃発
1884年（明治17年）	甲申事変（独立党すなわち開化派によるクーデター）
1885年（明治18年）	日清間で天津条約締結。日本の朝鮮における勢力後退
1894年（明治27年）	日清戦争
1895年（明治28年）	下関条約締結。朝鮮から清国の勢力を一掃
1904年（明治37年）	第一次日韓協約締結。日本人顧問を派遣し韓国の財政と外交に介入
1905年（明治38年）	桂・タフト協定締結。アメリカは日本の韓国に対する支配権を認め、日本はアメリカのフィリピンに対する支配権を認める
	第二次日韓協約締結。韓国統監府が設置され、韓国の外交権をほぼ日本が掌握する。初代統監は伊藤博文
1907年（明治40年）	ハーグ密使事件
	第三次日韓協約締結。外交のみならず内政にまで、日本が強い影響力を行使できるようになる
1909年（明治42年）	伊藤博文、ハルビンで安重根に暗殺
1910年（明治43年）	韓国併合

実はこの統監というポストが、日韓関係に皮肉な事態を生み出します。**初代統監は伊藤博文**でした。**もともと伊藤は、日本政府が韓国への支配を強めることに賛成ではなかった**と言われています。むしろ**韓国をもっと文明化し、名実ともに独立国家にすべきという意見を持っていたらしい。**

そんな伊藤が統監という地位に就いたのは、一見すると矛盾するようですが、そうではありません。国際日本文化研究センターの瀧井《たきい》一博《かずひろ》氏は、その著書『伊藤博文』(中公新書)の中で、就任の狙いを「(日本)軍の行動が暴発しないよう睨みをきかせ」るためだったとしています。

韓国に日本軍が駐留するのは、ロシアの南下に対処するためです。しかしその名目で、日本軍が満州方面に進出しようとするおそれもある。あるいは反日的な活動をする一部の韓国民に対し、治安の名目で刃《やいば》を向けるかもしれない。**統監は駐留軍の監督者でもあるので、軍人ではない伊藤はその権限を使って軍の行動を抑制しようとした、**というわけです。いわゆる「文民統制(シビリアン・コントロール)」です。

ところがその伊藤は、一九〇九年(明治四二年)にハルビンで**安重根《アンジュングン》**※によって暗殺されます。これを機に日本政府はさらに態度を硬化させ、翌**一九一〇年(明治四三年)には韓国併合を決定する**のです。これによって大韓帝国政府と韓国統監府は廃止され、代わりに朝鮮総督府が設置されます。**韓国はもはや植民地ですらなく、完全に日本の一部になったわけです。**

周知のとおり、安重根は今日でも韓国の英雄とされています。同国の権利を次々と奪っていく支配者・日本の実質的なトップに一撃を加えたという意味では、称えたくなる気持ちもわかります。しかし、当の伊藤は統監として、むしろ日本軍から韓国民を守ろうともしていた。そのキーマンを暗殺することにより、韓国という国家自体が消滅に向かってしまうわけです。いささかせつない事件と言わざるを得ません。

複数の戦争を経て生まれた「国民意識」と「傲り」

日清・日露戦争時代の日本を振り返ると、**欧米との対応においてはきわめて低姿勢で協調する一方、朝鮮や清国に対してはきわめて高圧的な態度に出るという姿が目立ちます。**つまり上には弱く下には強くという、かなり〝イヤな奴〟だったということです。

西欧に比べて遅れていた東アジアの中で驚異的な発展を遂げ、地域のリーダーになるべき存在が、むしろ地域の抑圧者に変貌してしまった。侵略されないために近代化を急いだ日本人のポジティブなエネルギーが、周辺国にとっては脅威に映ったということでもあります。

もちろん、日本も必死だったことは間違いありません。**とりわけロシアに対しては、神経質なほどに警戒感を持っていました。そのための日清戦争であり、日露戦争でもあったわけです。**

※安重根（アンジュングン） 一八七九〜一九一〇年、朝鮮の独立運動家。カトリック教徒。抗日義兵運動に加わる。伊藤博文を暗殺し、死刑となる。

伊藤博文の国葬。霞ヶ関付近

しかし一方、そのプロセスである種の〝欲〟が生まれたことも事実でしょう。**清国が西欧列強に半植民地化されていく様子を目の当たりにして、自分たちも進出して儲けようという意識を持つようになった**のではないでしょうか。

一九世紀プロイセン王国の軍事学者クラウゼヴィッツは、有名な著書『戦争論』の中で、軍略は「勝利の限界点」を見極めることが重要と説いています。攻撃で勝利すれば、大きな戦果を得られます。しかし勝勢だからといつまでも攻め続けていると、いつか戦果はピークに達し、その後はしだいに小さくなる。これが限界点です。それを過ぎると戦闘力の消耗が激しくなり、トータルで見ればマイナスになるというわけです。

その点、日本は明らかに限界点を見誤った気がします。日清戦争の圧勝、日露戦争の辛勝に酔い、「日本は強国だ」「戦争をすれば勝てる」と思い込んでしまった。その慢心が、後の米英を相手に戦うという無謀な決断につながったのだと思います。

そしてもう一つ、**この二つの戦争を通じて大きく変わったのは、日本人が日本国民になったということです。**江戸時代の多くの日本人にとっては、藩こそがアイデンティティでした。明治に入って廃藩置県が行われても、出身藩に対する郷土意識はそう簡単に抜けないでしょう。

しかし外国との戦争となると、必然的に国民は一致団結します。

まして戦争は命がけであり、戦費として多大な税金も徴収されます。「国家として勝たなくては困る」「そのためにはどんな協力も惜しまない」という意識を持っても不思議ではありません。そのプロセスにおいて、**自分たちは大日本帝国の一員であり、天皇の臣民であるという強烈なアイデンティティに目覚めていった**わけです。近代国家の形成と「国民」意識は、セットで進んだのです。

ベネディクト・アンダーソンの『定本 想像の共同体』（白石隆・白石さや訳、書籍工房早山）は、ナショナリズム研究の古典ですが、そこでは「国民とはイメージとして心に描かれた想像の政治共同体である」とされています。

アンダーソンは、「国民」という意識、ナショナリズムの強大な力についてこう警鐘を鳴らしています。

〈国民は一つの共同体として想像される。なぜなら、国民のなかにたとえ現実には不平等と搾取があるにせよ、国民は、常に、水平的な深い同志愛として心に思い描かれるからである。そして結局のところ、この同胞愛の故に、過去二世紀にわたり、数千、数百万の人々が、かくも限られた想像力の産物のために、殺し合い、あるいはむしろみずからすすんで死んでいったのである。〉

「イメージ」であり「想像」の面を持つ国民意識が、どれほど強大な力で歴史を動かし、運命を時に悲劇へと導いたか。それを理解するのも、近現代史の核心です。

3章のポイント

- ロシアへの恐怖が、日本の富国強兵を推し進めた。
- 日清戦争は、西欧列強によるアジア進出のきっかけとなった。
- 日本の近代史の負の部分の多くは、朝鮮半島の支配を巡ってのものだった。
- 日露戦争は条件より講和を優先したため、勝利したにもかかわらず成果に乏しく、国民の不満を招いた。
- 日清・日露戦争を経て日本の国民意識が芽生えた。日本人は大日本帝国の一員であり、天皇の臣民であるという強烈なアイデンティティに目覚めていった。

4章

太平洋戦争へ

――なぜ世界中を敵に回し、破滅の道を選んだのか

4章 まとめの年表「太平洋戦争へ」

1894年（明治27年）	各国との修好通商条約改正交渉を始める
1911年（明治44年）	関税自主権回復
1914年（大正3年）	第一次世界大戦が始まる
1915年（大正10年）	中華民国に対して「対華二一ヵ条要求」を突きつける
1918年（大正7年）	シベリア出兵
1920年（大正9年）	国際連盟発足。日本加盟
1921年（大正10年）	ワシントン会議。各国の主力艦の保有割合が決められる
1925年（大正14年）	日ソ基本条約締結。ロシアとの関係改善の道を模索
1928年（昭和3年）	パリで不戦条約締結。国際紛争や対外政策の手段としての武力行使を禁ずる
1929年（昭和4年）	ニューヨーク証券取引所の株価大暴落、世界恐慌の始まり
1930年（昭和5年）	ロンドン海軍軍縮会議。主力艦以外の艦船の保有に制限が設けられる
1931年（昭和6年）	満洲事変 犬養毅内閣誕生
1932年（昭和7年）	満洲国建設を宣言
1933年（昭和8年）	日本、国際連盟から脱退
1934年（昭和9年）	日本、ワシントン軍縮条約を破棄
1936年（昭和11年）	日本、ロンドン海軍軍縮会議から脱退 二・二六事件。軍部の政治的発言力が強まる
1939年（昭和14年）	ノモンハン事件
1940年（昭和15年）	日独伊三国同盟締結
1941年（昭和16年）	日ソ中立条約締結。陸軍の南下促進 日本、米英に宣戦布告、太平洋戦争始まる
1942年（昭和17年）	ミッドウェー海戦で大敗
1943年（昭和18年）	20歳以上の文科系学生の徴兵が始まる
1944年（昭和19年）	レイテ沖海戦で大敗
1945年（昭和20年）	ヤルタ会談 東京大空襲／沖縄戦が始まる 広島に原爆投下 ソ連、日ソ中立条約を破棄し対日宣戦布告 長崎に原爆投下 日本、ポツダム宣言受諾。戦争終結

友好国アメリカを仮想敵国にしていた海軍

江戸時代末期、日本に開国のきっかけをつくったアメリカですが、**実は当初から日本にとってきわめて友好的な国でした。**そのことは、例えば前出の陸奥宗光《むつむねみつ》による『蹇蹇録《けんけんろく》』にも記されています。

一八九四年（明治二七年）、日清戦争と同時進行するように、日本政府は悲願だった各国との修好通商条約の改正交渉に乗り出します。「治外法権」と「関税自主権なし」という不平等を解消することが目的です。この時点では後者は先送りされましたが、前者は相次いでなし遂げられました。

陸奥によれば、とりわけスムーズに進んだのがアメリカとの交渉らしい。「米国は我が国に対し最も好意を懐《いだ》くの一国なり」と断言した後、こう綴っています。

〈従来条約改正の事業の如きも他の各国において許多《あまた》の異議ある時にも、独り米国のみは毎《つね》に我が請求をなるだけ寛容せんことを努めたり。〉

今日の日米関係を考えても、このあたりはなんとなく想像がつくでしょう。いろいろ対立点もありますが、もっとも近しい国であることは間違いありません。

ところが一九四一年（昭和一六年）から三年半にわたり、日本はそのアメリカと戦い、それまでの近代化の歩みを破壊されるほどの打撃を受けます。なぜ、無謀でしかない戦争に踏み切ったのか、順を追って考えてみたいと思います。

まず、興味深い事実があります。**かつての帝国陸軍にとって、仮想敵国は一貫してロシアでした。**前章までの経緯を見れば、これは明らかでしょう。

一方、帝国海軍が仮想敵国として据えていたのは、実はアメリカでした。

学習院大学学長の井上寿一《いのうえとしかず》さんの著書『教養としての「昭和史」集中講義』（SB新書）によれば、陸軍が朝鮮半島や満州でずっと戦闘を繰り返してきたのに比べ、海軍の働きは少なかった。そのままでは予算を削られるので、当時すでに世界一の戦力を誇っていたアメリカを引き合いに出し、軍備拡張を図ろうとしたらしい。

しかし当時、アメリカはアジア・太平洋に植民地を持っていませんでした。つまり対ロシアのように、日米間で膨張政策がぶつかり合うこともなかったのです。そこで井上さんは、「まともな歴史研究者であれば、日米開戦は最後まで回避可能であり、決して必然ではなく、また日米には戦争に訴えなければ解決できないような問題はなかったということで、見解は一致しています」と厳しく批判しています。

たしかに、そのとおりでしょう。アメリカを仮想敵国に設定することが、直接的に日米開戦につながったわけではないでしょうが、そもそも戦略がズレていたことは間違いありません。**日清・日露戦争の勝利に酔い、傲慢になり、かつ〝世間知らず〟になっていたのかもしれません。**

満州をめぐる米英の誤算

話を日露戦争後に戻します。前述のとおり、ポーツマス条約によって日本は朝鮮半島における権益を確固たるものにします。同時に、満州については南部を走る鉄道（のちの南満州鉄道）の権益をロシアから譲り受けますが、軍隊は日露ともに撤退するはずでした。

ところが、両軍ともそのまま居座ります。それどころか、日本は南満州の中心である遼陽に天皇直属の「関東総督府」を設置するとともに各地に軍事拠点を設け、むしろ軍政地域にしてしまう。

これに激怒したのが、アメリカとイギリスです。キーワードは「門戸開放」。国籍を問わず、その土地における自由な経済活動を認めるというもので、今日でいえば「グローバリズム」といったところでしょう。

これを主唱したのはアメリカで、植民地支配や保護貿易より、自由経済・自由貿易のほうが儲かるということを、当時から認識していました。だからこそ日露戦争でも金銭的に日本を支援し、仲介役も買って出たのです。日本が満州からロシアを追い払い、清国に主権を戻し、その上で清国に門戸開放を迫る、というシナリオを描いていたわけです。

ところが、勝った日本は満州の主権を清国に返すどころか、ロシアに代わって自分の植民地にしようとした。これはポーツマス条約にも書かれていません。アメリカが不快感を持つのも当然でしょう。

象徴的なのが、ポーツマス条約によって日本がロシアから譲渡された、南満州を南北に走る東清鉄道の扱いです。日本はその経営のために南満州鉄道を立ち上げますが、その当初、アメリカの鉄道王エドワード・ハリマンから共同経営の提案を受けます。ハリマンは世界中を鉄道網で結ぶ構想を持っていたそうです。

日本も、この提案には乗り気でした。桂太郎首相をはじめ、伊藤博文や渋沢栄一なども賛同したらしい。戦争で借金ばかり積み上がった状態のところに資金提供されれば、ありがたいはずです。それにアメリカ資本が入るとなれば、ロシアもそう簡単に手出しができなくなる、という読みもあったようです。

ところが、これに猛然と異を唱えたのが、ポーツマス条約の締結を終えてアメリカから帰国したばかりの小村寿太郎《こむらじゅたろう》外相です。**「日本が多大な犠牲を払って獲得した権益を、アメリカと分け合うのはおかしい」**というわけです。結局、この意見が通って共同経営の話は白紙に戻されました。

こうした日本の動きに対し、イギリス大使とアメリカ大使は西園寺公望《さいおんじきんもち》首相・外相（桂太郎内閣は「日比谷焼打事件」の責任をとって総辞職）宛に相次いで批判の文書を寄せます。**「約束どおり門戸開放せよ」「日本の姿勢に失望している」**等々、たいへん厳しい内容です。**このあたりから、日米間の対立の芽が生まれる**わけです。

伊藤博文の暗殺で台頭した「統帥権の独立」

一方、日本政府内でも満州の扱いは大きな懸案事項となります。一九〇六年（明治三九年）、西園寺首相、伊藤博文韓国統監をはじめ、枢密院議長だった山縣有朋《やまがたありとも》、元帥・陸軍大将の大山巌《いわお》など、政府と陸海軍の主要メンバーによって「満州問題に関する協議会」が開かれました。

『軍国日本の興亡』（猪木正道著、中公新書）によれば、ここで激しく対立したのが、軍部の撤退を求める伊藤と、駐留を主張する参謀総長の児玉源太郎です。児玉が満州経営を担う「拓植務省」のような役所の新設を提案すると、伊藤は以下のように明確に反対しました。

〈余の見るところによると、児玉参謀総長らは、満州における日本の地位を、根本的に誤解しておられるようである。満州方面における日本の権利は、講和条約によってロシアから譲り受けたもの、即ち遼東半島租借地と鉄道のほかには、何物もないのである。

（略）満州は決してわが国の属地ではない。純然たる清国領土の一部である。属地でもない場所に、わが主権が行わるる道理はないし、拓植務省のようなものを新設して、事務を取り扱わしむる必要もない。満州行政の責任はよろしくこれを清国に負担せしめねばならぬ。〉

協議会ではこの伊藤の正論が通り、軍部は縮小する方針となります。

遼陽の関東総督府は閉鎖され、代わりに旅順に「関東都督府」が置かれました。同機関は南満州鉄道の業務の監督や周辺地域の防衛も担いましたが、天皇直属ではなく、日本政府の指示・監督を受けることになります。なお陸軍が強い権限を持ってはいたものの、先に述べた韓国と同様、一定の文民統制（シビリアン・コントロール）を可能にしたわけです。

ここで称賛されるべきは、伊藤博文や山縣有朋の国際感覚でしょう。一般的には、若い人のほうが開かれた国際感覚を身につけていると思われがちですが、少なくとも当時は違いました。伊藤や山縣のような重鎮のほうが長けていたのです。

おそらくそれは、経験の差も大きいと思います。伊藤や山縣は、開国以来ずっと国際協調外交の努力を積み重ねながら、一流国になることを目指してきた。つまり段取りを踏みつつ、謙虚に、慎重に歩んできたわけです。

もちろん彼らも、膨張の意思がゼロではなかったはずです。実際、朝鮮半島を**「利益線」**と呼んで防衛力を高めようと提唱したのは山縣でした。しかし彼らは、ブレーキをかけることも知っていた。**軍部は暴走しがちだから、文民統制で制御しようとした**のです。

伊藤も山縣も「元老」の一人です。これは議会制民主主義に則った役職ではないため、〝影の独裁者〟のようなマイナスイメージを持たれることもあります。しかし実際には、軍部の独走を抑えるという意味で十分に機能していた。このあたりが、教科書どおりには行かない社会のおもしろいところです。

ところが前述のとおり、**伊藤は一九〇九年（明治四二年）にハルビンで暗殺されます。これを契機として文民統制が利かなくなり、満州における軍部はいよいよ暴走を始める**のです。

その流れの中から生まれてきた概念が、**「統帥権《とうすいけん》の独立」**です。

統帥権とは、軍隊の最高指揮権を指します。大日本帝国憲法では、これが天皇の大権の一つとされていました。つまり文民統制とは対極的に、内閣や行政が口出しできない分野になっていたのです。軍部はこれを大義名分として、文民統制から離脱していくわけです。

まして陸軍には、朝鮮半島にしろ満州にしろ、自分たちが血を流して勝ち取った場所という意識があります。その経営を放棄したりないがしろにしたりすることは、死んでいった仲間たちに対して申し訳が立たない。だから簡単には引き下がれません。

そこで登場するのが、やがて陸軍中央の意向すら無視して暴走するようになる**関東軍**※です。

一方、軍部は政府内でも存在感を高めていきます。内閣制度が確立した一八八五年（明治一八年）から大日本帝国が消滅する一九四五年（昭和二〇年）までの六〇年間で、内閣の数は四三。そこから重複を差し引くと三〇人の首相が存在していましたが、そのうち半数の一五人が軍人でした。

また、その一五人の合計在任期間は約二九年。つまり**内閣制度の発足以来、およそ半分の期間は文**

※**関東軍**　満州に駐屯した旧日本陸軍の部隊。一九一九年設立。陸軍中央や政府に対して独立的な立場で、張作霖爆死事件や柳条湖事件などを首謀。一九四五年のソ連軍の侵攻により壊滅。

民統制の政府ではなかったということです。

さらに昭和に入ると、終戦までに陸・海軍省以外の各大臣に就任した一六五人中、六二人が軍人でした。**およそ三分の一を軍人が占めていた**わけです。いかに「軍国」だったかがよくわかるでしょう。

第一次世界大戦が生んだ好景気

一九一四年(大正三年)から、西欧では第一次世界大戦が始まります。一九一一年(明治四四年)に関税自主権を回復させた日本にとって、この戦争は、ある意味〝タナボタ〟でした。

基本的には、**強くなりすぎたドイツを欧州各国が叩くという構図**です。

日英同盟に則ってドイツに宣戦布告した日本は、欧州の混乱に乗じて、アジアにおけるドイツの租借地(青島《チンタオ》など)や植民地(マリアナ諸島など)をたちまち奪います。

またイギリスやフランスなどからは、陸海軍を欧州の戦場へ派遣するようさんざん要請を受けますが、日本はこれを拒否。代わりにインド洋から地中海あたりまで艦隊を派遣し、各国の輸送船団の護衛を担います。これが、ドイツのアジアにおける租借地・植民地を日本が継承する条件でもありました。

さらには、いわゆる〝**戦争特需**〟にも沸き立ちます。西欧各国の生産力が落ちる中、輸出の急拡大で好景気が到来するのです。これにより、大戦開始直後の一九一四年の時点で一一億円の対外債務を抱えていた日本は、一九二〇年（大正九年）には二七億円の債権国へと転換します。

とりわけ造船業や海運業が活況をきわめ、「船成金」と呼ばれる成功者を多く生み出します。またこの活況は、造船、鉄鋼、化学工業などの技術も飛躍的に向上させることになりました。

派遣された艦隊の被害がゼロだったわけではありませんが、**国内は戦場にならず、軍隊も本格的な戦闘には参加せず、しかもイギリス・フランス等の戦勝国側に与《くみ》していたため、領土的・経済的な恩恵だけはふんだんに享受した。これが日本にとっての第一次世界大戦です。**

ただし、この大戦は三つの意味で日本の将来に禍根を残します。

第一は、**欧州において兵器の近代化が進んだ**ということです。

飛行機や戦車、それに化学兵器が初めて実戦に投入されました。しかし戦闘に参加しなかった日本は、この進化の蚊帳《かや》の外でした。この時点で、**西欧に対して戦力面で大きく遅れる**わけです。この差は、後に太平洋戦争に突入するころにも埋められていなかったと言われています。

「シベリア出兵」という汚点

第二は、欧州の混乱に乗じ、一九一五年（大正四年）に**中華民国**（一九一二年の辛亥《しんがい》革命により、清国に代わって成立）**に対して「対華二一ヵ条要求」を突きつけた**ことです。

これは大きく五つの項目に分かれており、そのうち四つは「山東省のドイツ権益の継承」「南満州・内モンゴルにおける権益の拡大と延長」「中華民国最大の鉄鋼会社の共同経営」「福建省沿岸部の日本以外への譲渡禁止」。いずれも一方的・高圧的な「要求」であり、**中華民国における日本の権益をより盤石にしようという意図が明らか**です。

ただし、これらは帝国主義全盛の当時では、前例のない要求ではありません。実際、日本はこれらの内容を事前にアメリカ、イギリス、フランス、ロシアに提示しましたが、各国とも黙認しました。それぞれ植民地に対して同じような政策を打ち出しているため、日本ばかり非難することはできなかったのでしょう。結局、中華民国内では猛烈な反対運動が起こりますが、袁世凱《えんせいがい》政権はこれらの要求を受け入れます。

しかし問題は、五つ目の項目です。「要求」ではなく「希望」としつつ、「中華民国の政治・財政・軍事顧問として日本人を就任させる」等々、**日本の支配をいっそう強化する内容**でした。

しかも、この項目だけは西欧各国に提示していません。「門戸開放」とは逆行するので、各国から批判されることを見越して伏せたのでしょう。

ところが、この事実は袁世凱からあっさり各国へ伝えられ、案の定、日本は批判に晒《さら》されます。結局、この五つ目の項目は日本側が取り下げました。しかし、**中華民国内での反日感情を高めるばかりではなく、西欧各国からも「危険な侵略国家」というイメージで見られるようになった**のです。

そして第三は、一九一八年（大正七年）の**シベリア出兵**です。

前年の一九一七年、第一次世界大戦の最中に**ロシア革命**※が起こります。ロシアはイギリス・フラン

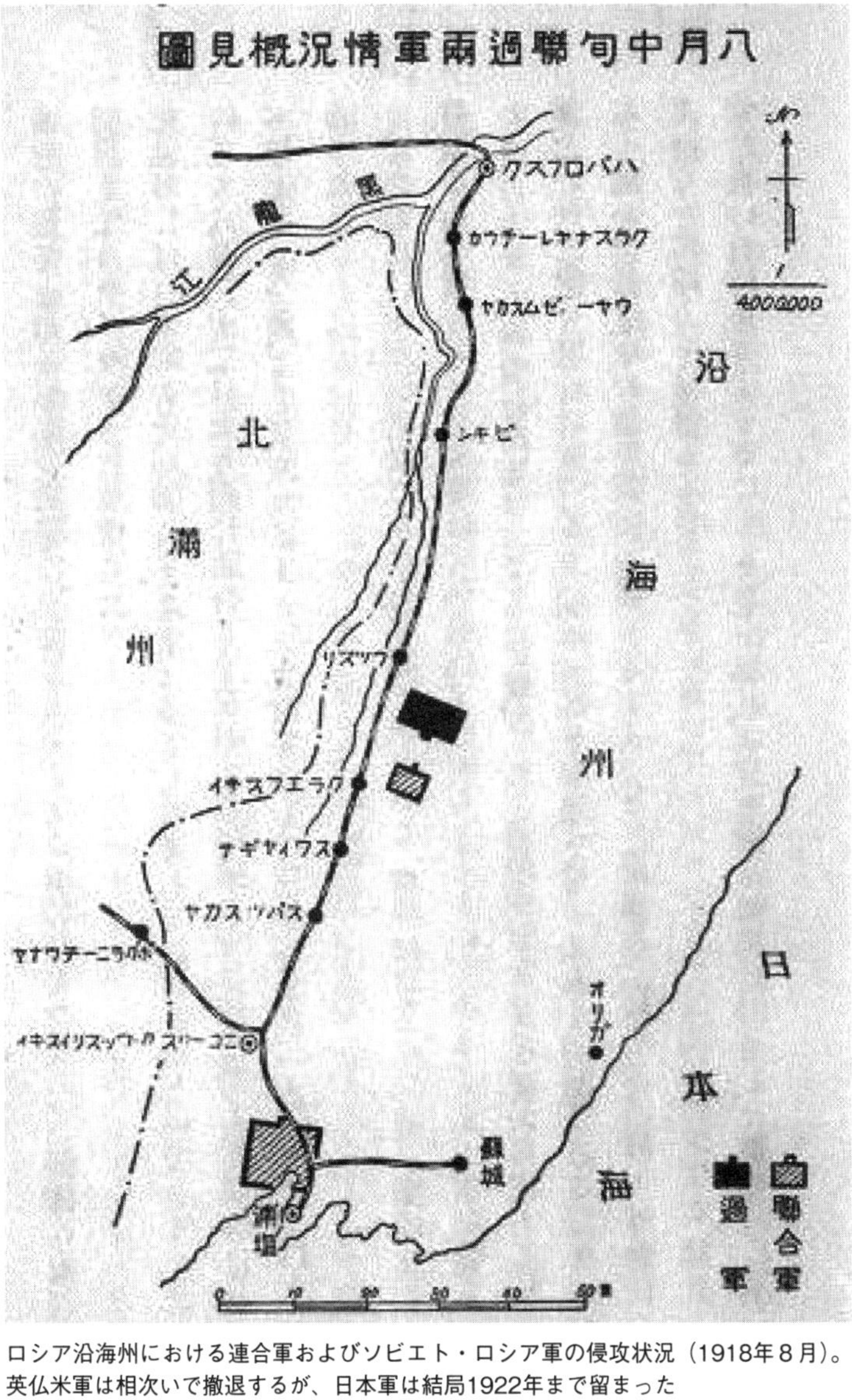

ロシア沿海州における連合軍およびソビエト・ロシア軍の侵攻状況（1918年８月）。
英仏米軍は相次いで撤退するが、日本軍は結局1922年まで留まった

スなどと組んでドイツと対峙していましたが、戦線では劣勢に立たされ、国内経済は逼迫《ひっぱく》します。これが革命のきっかけになりました。革命の主導者**レーニン**※が率いるボリシェビキ政権は、ただちにドイツと講和条約を結び、戦線から離脱します。

この動きは、二つの意味で英仏に衝撃をもたらしました。一つは、**東部戦線を終結させたドイツが、その戦力をすべて西部戦線に振り向けた**こと。英仏は、突然の敵軍の増強に苦戦を強いられます。もう一つは、**世界初の共産主義政権が誕生した**こと。こうした革命が、西欧をはじめ各国に波及することを恐れたのです。

ロシア革命の指導者レーニンと、スターリン。1922年撮影

そこで英仏は、**ボリシェビキ政権の動きを牽制し、なおかつドイツの関心を東部戦線にも向けさせるため、ロシアへの出兵が得策と考えます。**しかし両国の軍隊は対ドイツ戦で多くの人員を割けないため、**「シベリアで苦戦するチェコ軍を支援する」という大義名分を立て、地理的にも近い日本とアメリカに応援を要請。**かくして日本のシベリア出兵が決まるわけです。

日本政府は、この要請をむしろチャンスと捉えました。英仏米より圧倒的に多数の軍隊を送り込み、「居留民の保護」という名目で共同歩調をとることなく進軍し、一時はバイカル湖西部のイルクーツクまで占拠します。**ロシア国内の反革命勢力を支援し、ここに親日的な国家を樹立して共産主義の防波堤にしようと考えた**わけです。

その後、ドイツが降伏して第一次世界大戦が終了し、シベリアのチェコ軍が撤収すると、英仏米軍も一九二〇年（大正九年）までに相次いで撤退。

ところが目的が違う日本軍は居座り、「パルチザン」と呼ばれる革命派の農民や労働者の兵士と血みどろの戦闘を繰り広げます。彼らは民間人に交じってゲリラ戦を展開したため、双方の民間人を含めて多数の犠牲者を出すことになりました。

もともとこの出兵に対する日本国民の関心は薄く、新聞等でも批判する論調が多かったと言われています。また大規模な行軍のわりに兵士の士気は低く、さながら泥仕合の様相を呈します。

結局、日本が撤退するのは一九二二年（大正一一年）の後半から。三〇〇〇人とも五〇〇〇人とも言われる多数の犠牲者を出し、約一〇億円もの戦費を費やし、得たものは何もありませんでした。む

※ロシア革命　一九一七年に起きた「二月革命」「十月革命」を指す。「二月革命」で皇帝ニコライ二世が退位してロマノフ王朝が崩壊し、「十月革命」でレーニン率いるボリシェビキが武装蜂起して新政権の樹立を宣言。これにより史上初の社会主義国「ロシア社会主義連邦ソビエト共和国」が誕生した。

※ウラジーミル・レーニン　一八七〇〜一九二四年、ロシアの革命家。学生時代からマルクス主義に傾倒し、活動によりシベリアへの流刑、ヨーロッパへの亡命も経験。一九一七年に帰国して十月革命を指導。遺体は今も、モスクワ「赤の広場」のレーニン廟に安置されている。

しろ**ボリシェビキ政権との対立を深め、アメリカをはじめ西欧各国に「領土的野心がある」と警戒されたという意味では、汚点だけを残した**と言えるかもしれません。

国際協調を目指した幣原外交の蹉跌

実は、シベリアからの撤兵のきっかけとなったのが、一九二一年（大正一〇年）末の**ワシントン会議**でした。これはアメリカのハーディング大統領の呼びかけで開かれた軍縮会議で、参加国は日米の他、イギリス、フランス、中華民国など計九ヵ国。その席上で、日本は撤兵を明言したのです（その後で撤退を宣言したとの資料もあり）。

第一次世界大戦を経て、各国は世界的に軍縮を進めるべきという点で一致します。一九二〇年（大正九年）には、**平和維持のための機関として「国際連盟」も発足します**（ただしアメリカは提唱国ながら参加せず。日本は当初から参加）。

ワシントン会議も、その延長線上にあります。もう二度と大きな戦争を起こさないようにしようというわけです。

ワシントン会議の最大のトピックは、**各国の主力艦の保有割合を決めたこと**でしょう。それにより、日本は米英の六割に留めると約束させられます。しかしこれは、日本にとって悪い話ではありません。膨張する軍事費を抑えることで、国内経済を活性化させる効果が期待できるからです。

また一九二八年（昭和三年）には、パリで**不戦条約**が締結されました。当初の署名国はアメリカ、フランス、イギリス、日本をはじめ一五ヵ国。後にソ連など六三ヵ国が加わります。文字どおり、**国際紛争や対外政策の手段としての武力行使を禁止し、すべて平和的に解決しようという内容**です。侵略行為などは、弁明の余地なく非難されるわけです。

ただし注目すべきは、**「国際連盟による制裁のため」または「自衛のため」なら武力行使を認めている点**。この条約がかならずしも世界平和につながらなかったことは、その後の歴史が証明しています。

さらに一九三〇年（昭和五年）には**ロンドン海軍軍縮会議**が開かれ、先のワシントン会議で決められなかった**主力艦以外の艦船の保有についても制限を設ける条約を締結**しました。

時の浜口雄幸《おさち》首相による緊縮財政政策の一環であり、**もはや武力ではなく国際協調路線でなければ日本の繁栄はない、という決意の表れ**でもあります。この調印も、日本にとって成功だったと言えるでしょう。

ところが、**この結果に反発したのが、軍部もさることながら野党の立憲政友会や一部のメディアです**。そこで彼らが持ち出したのが、憲法に定められた「統帥権」の問題。軍隊については天皇の大権事項だから、政府が勝手に艦船の保有量等を決めるのは憲法違反だという理屈で、これを「統帥権干犯問題」といいます。

浜口首相率いる与党立憲民政党が衆議院で多数を占めていたため、条約自体は国会で批准されますが、これを契機に「統帥権」という言葉がクローズアップされるようになったのです。

また浜口首相の意を汲み、**外務大臣の幣原《しではら》喜《き》重郎《じゅうろう》※は積極的に協調外交を展開**します。米英と協調しつつ、中華民国に対しては不干渉、あるいは治外法権の撤廃に向けて協力するなど支援に回ったこともその一例。また一九二五年（大正一四年）には**日ソ基本条約を締結し、関係改善の道を模索しはじめました。**こうした一連の外交姿勢を「幣原外交」といいます。

しかし、この流れを逆走するように、二つの事件が起こります。

一つは、ロンドン海軍軍縮条約の批准から間もない一九三〇年（昭和五年）一一月、**浜口首相が東京駅で右翼団体のメンバーに狙撃された**こと。浜口は一命をとり留め、翌一九三一年（昭和六年）三月に一時は職務に復帰するものの、同年四月に体調不良のため辞職、八月に死去します。

もう一つの事件は、一九三一年（昭和六年）の**満州事変**です。一九二〇年代から、中華民国内では民族運動が盛り上がり、蔣介石《しょうかいせき》率いる国民革命軍が外国領事館を襲撃するなどの猛威を振るっていました。不平等条約を破棄し、植民地や租借権で失った利権を回復しようというわけです。

それに対して日本は、満州を切り離して独立国家とし、権益を守ろうと画策。しかし三度にわたる山東出兵や、軍閥の長で日本に近かった張作霖《ちょうさくりん》の支援を行うものの、好転しません。逆に関東軍の一部が独断で張作霖を爆殺して国民革命軍の仕業に見せかけ、それをきっかけに軍事支配を強めようとします。これが張作霖爆殺（または爆死）事件です（当時は犯人が公表されず、日本政府内では**満州《まんしゅう》**

某重大事件《ぼうじゅうだい》と呼ばれていました）。

国内外から疑惑を持たれて時の田中義一内閣は総辞職します。

そこで登場したのが浜口内閣であり、幣原外相（就任は二度目）です。前述のとおり中華民国に対しても協調路線の「幣原外交」を展開しますが、関東軍をはじめ軍部の強硬派はこれを「軟弱外交」と批判し、復権を狙います。そこで起こしたのが満州事変というわけです。

発端は、柳条湖《りゅうじょうこ》付近を走る南満州鉄道の線路の爆破でした（**柳条湖事件**）。関東軍は、これを張作霖の息子・張学良《ちょうがくりょう》の仕業とし、「自衛」の名目で満州各地に軍を展開、年内に全土を掌握。翌一九三二年（昭和七年）三月には、**「満州国」建設を宣言する**のです。

不戦条約を締結して間もない国際社会が、これを看過するはずがありません。日本は「侵略国家」として強い非難を受けることになります。

また当時の若槻礼次郎《わかつきれいじろう》内閣も、関東軍の暴走に歯止めをかけることができず、一九三一年末の時点で総辞職します。同内閣で引き続き外相を務めていた幣原も政界を去り、幣原外交は終焉《しゅうえん》を迎えます。幣原がふたたび表舞台に立つのは、一九四五年（昭和二〇年）一〇月、つまり終戦直後のことでした。

※幣原喜重郎　一八七二〜一九五一年、外交官を経て政治家。外務省に入省後、各地で外交官を務め、やがて複数の内閣で外務次官、外務大臣を歴任。軍部の台頭とともに政界を去るが、終戦の二ヵ月後に内閣総理大臣に就任。

洮南（中国吉林省）に入場する日本帝国軍

国民に知らされなかった「ノモンハン事件」

満州事変を首謀したのは、関東軍参謀の**石原莞爾**《かんじ》※という人物です。彼こそ、〝ミスター関東軍〟と言っていいでしょう。陸軍大学校を次席で卒業後、三年間のドイツ留学でクラウゼヴィッツの『戦争論』について学ぶなど、陸軍の中でも選りすぐりのエリートでした。

その石原は一九二九年（昭和四年）、「世界最終戦論」という論文を記しています。それによると、やがて日本が東洋文明の中心になり、アメリカが西洋文明の中心になり、最終的に両者が大戦争を行うことで東西文明は統一され、世界平和が訪れるとしています。これこそが、日蓮上人の説いた「前代未聞の大《だい》闘諍《とうじょう》」でもあるらしい。宗教と現実とを織り交ぜながら独自の理論を展開しているところが、この論文の大きな特徴です。

かなり壮大で誇大妄想的でもありますが、**これが軍部にとって満州国建国の理論的支柱となります。**つまり、**来るべき最終戦争に備え、日本がアジアの中心になる必要がある。その第一**

歩として満州を支配しておかなければならない、というわけです。

もっとも、こういう理屈が国際社会で通用するはずもありません。一九三二年（昭和七年）、中華民国は日本の行為を国際連盟に訴え、国際連盟はイギリスのリットン伯爵を団長とする「リットン調査団」を建国直後の満州国に派遣。同調査団は三ヵ月の調査の後、報告書を提出します。

それによれば、まず柳条湖事件をはじめとする関東軍の一連の行動について、日本の自衛のためではないと否定しています。しかし、一方的に日本を非難する内容かといえば、そうでもありません。満州国を日本の傀儡《かいらい》（操り人形のこと）であるとしつつも、満州における日本の権益は認めるべきとも述べています。その上で、満州を非武装地帯とし、日中間または日中ソ間で不可侵条約や通商条約を締結するよう提案しています。

ところが、日本はこの提案を拒否します。一九三三年（昭和九年）二月、国際連盟総会でこの報告書をもとに作成された「国際連盟臨時総会報告書」の採択が行われ、各国の同意を得ますが、日本だけは不同意。出席していた松岡洋右《ようすけ》外相は、即座に退場します。その一ヵ月後、**日本は国際連盟から脱退**しました。

この過程から見えるのは、悲しすぎるほどの**国際感覚の欠如**でしょう。ほんの**数十年前の明治政府**

※**石原莞爾**　一八八九～一九四九年、陸軍軍人。満州国の運営をめぐって東条英機と対立して罷免され、太平洋戦争開戦前に退役。戦後、戦犯として指名されることもなかった。

は、ひたすら国際関係を凝視し、協調して近代化に成功しました。その当時の高度な外交能力から一転、**内向きで、独善的で、文民統制さえ利かない政府に成り下がってしまった**わけです。一八七〇年代の岩倉使節団が見聞して感じていた西欧の脅威を、一九三〇年代の政府はすっかり忘れていました。

その結果、日本は中華民国のみならず、ドイツ・イタリアを除くすべての大国を敵に回すことになります。大陸の奥地で泥沼の戦闘を繰り広げながら、加えて太平洋側でアメリカと対峙するわけですから、そもそも勝てるはずがありません。

そんな近未来を暗示するような事件が、一九三九年（昭和一四年）五月に起こります。満州国の西北の辺境地ノモンハンを舞台にした**ノモンハン事件**です。

もともとここはモンゴルとの国境が曖昧で、両軍の間で小競り合いが続いていました。そこに、満州国軍には関東軍が、モンゴル軍にはソ連軍が加勢することで、一気に戦線が拡大していったのです。

実は当初から、日本政府も軍中央も不拡大の方針を固めていました。ところが、関東軍は独断で大戦力を投入。それによって一進一退の攻防を繰り広げますが、八月からはソ連軍が戦車・大砲などを大量投入し、関東軍は壊滅的な打撃を受けます。しかも同月、ソ連とドイツは不可侵条約を締結しました。これで、ドイツがソ連を西側から脅かす可能性は消え、むしろソ連が東側に戦力を集中させる可能性が出てきたわけです。

この事態を見て、軍中央は関東軍に戦闘中止と撤退を厳命、翌九月にようやく停戦合意に至りました。この数ヵ月の戦闘による日本側の死傷者は、二万人にも達するといわれています（ソ連側も約二万五〇〇〇人)。しかもこの事実は、いっさい国民に知らされなかったのです。
さながら、後の太平洋戦争の縮図を見ているような気がしないでしょうか。

国民が政府より軍部を支持した理由

ところで、幣原外交から一転して内向化する政府、暴走する軍部を、当時の国民はどう捉えていたのか。

それを象徴するのが、先の松岡外相による国際連盟退場劇を報じる東京朝日新聞の記事です。一面トップの見出しは「聯盟《れんめい》よさらば！　遂に協力の方途盡《つ》く」「我が代表堂々退場《たいじょう》す」。つまり松岡の行動を賛美し、まるで英雄のように扱っているのです。情報が偏っていたためでもありますが、**概して国民は「強い日本」を支持していました。**

だから満州国の建設についても、国内での反対意見は少数だったようです。むしろその現状を知りたいというニーズから、新聞の発行部数が大幅に伸びた時期でもありました。国際関係などを考えれば、もちろん皆が諸手《もろて》を挙げて賛同したわけではないと思いますが、軍人が国益のために戦ってくれている、軍隊が日本を良くしてくれる、という意識が強かったのでしょう。

日清戦争・日露戦争・第一次世界大戦の勝利という〝成功体験〟が、国民の欲を拡大させたとも言えます。

その背景にあったのが、経済の行き詰まりです。一九二〇年代に入ると、景気はずっと低迷を続け、国民生活を困窮させます。

これを打開しようと、一九三〇年（昭和五年）に浜口雄幸政権は**「金解禁」を実施しますが、これがかえって経済の混乱と悪化をもたらしました。**

第一次世界大戦前まで、西欧各国は金本位制（金と紙幣を自由に交換できる仕組み）を採用していました。しかし大戦中、保有する金の国外流出が増加する懸念から、軒並み金輸出禁止に踏み切ります。日本も例外ではありません。

その後、一九二〇年代半ばから各国とも金解禁を実施し、金本位制を復活させ、通貨の安定によって世界経済はアメリカ経済を中心に活況を呈します。一方、日本は一九二三年（大正一二年）の関東大震災や一九二七年（昭和二年）の金融恐慌の影響で金解禁の判断を遅らせますが、そのために円の為替相場が下落、輸入品の価格が高騰し、激しいインフレを招いていました。また各国や国内の財界から強く求められたこともあり、金解禁に舵を切るわけです。

ところが、ここで当時の井上準之助大蔵大臣が大きなミスを犯したと言われています。円と金との交換レートについて、下落していた為替相場に合わせる手もありましたが、第一次世界大戦前の高い水準に合わせたのです。そのため、**為替相場は一気に円高に振れ、国内経済はインフレからデフレへと反転し、国内市場を縮小させます。**

折も折、一九二九年（昭和四年）に**ニューヨーク証券取引所の株価大暴落をきっかけに始まった世**

界恐慌が、国内経済の悪化に拍車をかけます。円高の上に海外の需要が一気に縮小したため、国内の輸出産業が軒並み苦境に立たされたのです。

またこの間、大手銀行を抱える各財閥は、近々の金輸出再禁止による円安ドル高を予想し、ドルを大量に買い込んで大儲けしたと言われています。これが国民の反感を招き、政府ともども不信の目を向けられることになります。その対抗馬として、**軍部に期待と人気が集中していく**わけです。

その後、一九三一年（昭和六年）一二月に犬養毅《いぬかいつよし》内閣が誕生すると、高橋是清《これきよ》大蔵大臣がその日のうちに金輸出を再禁止にします。これにより、為替相場はようやく低位安定に向かいました。

高橋はさらに、井上の緊縮財政から一転して積極果敢な財政出動を行い、満州における軍事費の捻出と国内景気の回復に尽力。このため日本経済は、世界恐慌のダメージからいち早く抜け出すことになります。

ただし、その財源は主に赤字国債の発行で賄われ、しかもそれを日銀に直接買わせて調達していました。つまり日銀が紙幣を刷ればいくらでも国債を発行できるわけですが、これでは財政規律が緩み、激しいインフレを招きます。高橋もこれはあくまでも一時的な措置として、一九三五年（昭和一〇年）には**国債発行の縮減と軍事費の抑制**を打ち出します。

ところが、これがさらなる軍事費拡大を狙う軍部から不興を買い、翌三六年（昭和一一年）二月二六日に青年将校らによって暗殺されます。これが**二・二六事件**です。

実はこのときも、国民の間では高橋や政府より青年将校に共感する声もあったと言われています。

腐敗する政界に対して憂国の志士が鉄槌を食らわす、という図式でしょう。しかし、暴力に訴えたテロ行為であることは間違いありません。

二大政党は軍部を統制できず

それに〝便乗〟したのが、当時の政党です。立憲政友会と立憲民政党という二大政党が政権を争っていましたが、一九三二年（昭和七年）に両党は揃って満州国を承認します。**一部の国民が持っていたはずの慎重論に耳を傾けることなく、軍の独走を後追いで容認してしまう**わけです。

言い換えるなら、政党政治も頼りにならなかったということです。本来、政党は国民の意見を代表し、軍部とはたいてい対立関係にあって抑制するのが役割のはずです。選挙でトップに選ばれた政党が内閣を組織し、野党と議会で牽制し合いながら政策を進めていく。そこでは現実を見据えた真剣な議論が繰り広げられなければおかしいのです。

しかし**現実には、軍隊を抑制する機能を失っていた。逆に世論は軍部を支持していると思い込み、そこに迎合してしまった**のです。一九三四年（昭和九年）にはワシントン軍縮条約を破棄、三六年（昭和一一年）にはロンドン海軍軍縮会議からも脱退。一方で一九四〇年（昭和一五年）には、同じく軍部の台頭で孤立していた**ドイツ・イタリアと「日独伊三国同盟」を締結**します。

世界から見れば、これは明らかに時流に合わない侵略国家ということになります。日本は中華民国・ソ連のみならず、かつて友好国だったはずのアメリカ・イギリスまで敵に回すことになる。ドイツ・イタリアが遠く離れた日本を手助けしてくれるとは考えにくいので、事実上、敵に囲まれた状態です。対峙しても勝ち目がないことは明らかでしょう。

もちろん、当時の政権もそれはわかっていたはずです。一九四一年（昭和一六年）四月、第二次近衛文麿内閣はまず**日ソ中立条約を締結**。しかしこれは、かえって陸軍の南下を促進することになります。そこで警戒を強めるアメリカとも交渉を試みますが、陸軍の勢いを止めることはできなかったのです。

「ハル・ノート」は最後通牒ではなかった？

対するアメリカは、同年八月、日本への制裁措置として石油の輸出を全面的に禁止し、さらにイギリス（Britain）、中国（China）、オランダ（Dutch）とともに対日経済封鎖（ＡＢＣＤ包囲陣）に踏み切ります。石油調達の多くをアメリカに頼ってきた日本にとって、これは掛け値なしの死活問題です。日本は緊張緩和に向けてなお交渉に一縷《いちる》の望みを託しますが、同年一一月、米国国務長官のコーデル・ハルから「覚書」が提示されます。これが**ハル・ノート**です。正式には「合衆国及び日本国間協定ノ基礎概略」と言います。

そこに書かれていたのは、中国・フランス領インドシナから全面的に撤退すること、中国において蒋介石政権（中華民国）以外の政権を認めないこと、日独伊三国同盟からの脱退、などです。つまりは満州事変以前の状態に戻せ、ということです。

日本はこれをアメリカからの「最後通牒」と解釈し、天皇と閣僚や軍部首脳が出席する御前会議において「受け入れられない」と判断し開戦を決意。

これによって同年一二月八日、日本はアメリカ・イギリスに宣戦布告し、海軍がハワイの真珠湾を、陸軍がイギリス領マレー半島を襲撃して太平洋戦争が始まるわけです。

ところで、「ハル・ノート」といえば「最後通牒」という印象がありますが、実はそうではなかった可能性があります。その冒頭には「tentative」、つまり「試案」と記され、さらに「basis of negotiation」、つまり「交渉のための（へ向けての）基礎」であり、「definitive（決定的）なものではない」とも書いてあったそうです。

これについて、戦後に首相となる**吉田茂**※は、晩年に記した著書『日本を決定した百年』（中公文庫）の中で以下のように述べています。当時の吉田は外交官を辞して〝浪人〟中でしたが、親交のあったアメリカのグルー駐日大使に呼ばれて面会することになったそうです。

〈大使は椅子から身体を乗出すようにして「あのノートを君は何と心得るか」というので、私は「あれはテンタティヴであると聞き及んでいる」と返答したら、大使は卓を叩いて語調も荒く「まさにその通りだ。日本政府はあれを最後通牒なりと解釈し、日米間外交の決裂の如く吹聴しているが、大きな間違いである。日本側の言分もあるだろうが、ハル長官は日米交渉の基礎をなす一試案であることを強調しているのだ。この意味を充分理解して欲しい。〉

そしてグルー大使は当時の東郷茂徳《しげのり》外相に面会を求め、吉田にその仲介を頼みますが、東郷はこれを拒否したそうです。吉田はこう述べています。

〈会ったらどうなっていたか。今から思えば結果は同じだっただろう。当時既に奇襲開戦の方針が決定していて艦隊は早くも行動を起こしていたらしい。外相としては会うのが辛かったのであろうが、外交官としては最後まで交渉をするのが定跡だと信ずる私としては誠に痛恨に堪えなかった。〉

アメリカ側は開戦を避けようとしていたという主張です。これをうのみにはできませんが、吉田茂がハル・ノートを「テンタティブ（試案）」と解釈していたことは確かであり、傾聴に値します。たしかにアメリカが日本を追い詰めたことは間違いありませんが、最終的には交渉で折り合いをつ

※吉田茂　一八七八～一九六七年、外交官、政治家。東京大学卒業後、外務省に入省し、外交官として主に中国に赴任。戦時中は和平工作を行い、憲兵に拘束・投獄されたこともある。しかしこの経験が、戦後ＧＨＱからの信任につながったとも言われている。

けられると思っていたのかもしれません。いずれにしても、当事者である吉田の証言だけに迫力があります。

「自己犠牲の精神」に便乗した「特攻作戦」

太平洋戦争における日本の失敗や悲劇は、無数にあります。その中でも悲惨なのは、**特攻作戦**でしょう。これは世界の軍隊を見ても、戦争の歴史を振り返っても、きわめて稀《まれ》な戦術だと思います。言い換えるなら、日本人の精神性が悲劇的な形で、きわ立って表れたケースでもあります。

とかく日本人は、自己犠牲を尊ぶ傾向があります。当時の教育のためでもありますが、国家のために自分の命を捧げることを厭わなかった。ただし、ここでいう「国家」とは、天皇陛下でもあり自分の家族でもありました。自分が犠牲になることで、父親、母親、兄弟姉妹、あるいは恩師や友人の命が救われると信じて、敵艦に向けて体当たりしていったわけです。あるいは特攻作戦で出撃すると決まった以上、そこに意味を見出すしかなかったのかもしれません。

日本史を振り返ってみると、例えば武士も自己犠牲の精神を持っていました。江戸時代中期の鍋島藩士・山本常朝《つねとも》が武士の心得を記した『葉隠《はがくれ》』によると、当時の武家社会では切腹や斬首がわりと日常的に行われていたようです。「武士道といふは死ぬことと見つけたり」という冒頭の一文が有名ですが、ちょっとしたミスや、あるいは娘の駆け落ちの責任をとって切腹、という場面もあります。

まさに「命がいくつあっても足りない」ような日々だったのかもしれません。

ただし、『葉隠』は、けっして死に急ぐよう促す内容ではありません。こういう日常だからこそ、いつ死んでも後悔しないよう精一杯生きよ、というメッセージに溢れているのです。武士の社会での処世術もこと細かに述べられています。

ところが戦前には、主君のために死ぬこと、もしくはいつでも死ねる覚悟をもつことを美徳とする教育のテキストとして利用されたこともあったようです。

さらに遡ると、『平家物語』には「那須与一《なすのよいち》」の名シーンがあります。源氏方の弓の名手である与一が、平家方の挑発を受けて立つ形で、船上の扇を射貫くわけですが、このとき「これを射損ずるものならば、弓切り折り自害して、人に二たび面《おもて》を向かふべからず」と宣言しています。弓道やアーチェリーの経験がある人ならわかると思いますが、強風が吹き、波が高くて的が大きく揺れる中で一点を射貫くことは至難の業です。命中の可能性などほとんどないでしょう。しかも、これは両軍がひとしきり戦った後の〝余興〟にすぎません。それでも失敗すれば自害するというのですから、なかなか肝が据わっています。平安時代末期、つまり武士というものがこの世に誕生したころから、そういう気風があったということです。

時代が下っても、それが連綿と受け継がれ、明治維新後も消えなかった。その象徴が日露戦争を戦った乃木希典《のぎまれすけ》大将で、明治天皇の崩御とともに殉死します。乃木は完全に武士の心で戦っていたわけです。

あるいは自己犠牲の精神という意味では、例えば宮沢賢治の童話『グスコーブドリの伝記』が有名でしょう。主人公グスコーブドリが、自らを犠牲にして火山を噴火させ、森を冷害から救うという物語です。特攻隊とはもちろん性質は異なりますが、宮沢賢治もまた、皆の幸福のためなら自分の身が失われてもかまわないという〝他者中心的〟な思考を持っていたということです。

グスコーブドリの場合は、自らの考えで死を選んでいます。それに対して特攻作戦の場合、本人の意思はまったく尊重されません。**これは明らかな人命軽視であり、日本人が持つ自己犠牲の精神の悪用でしかない**でしょう。

出撃すればほぼ確実に戦死するわけで、もはや戦術とは呼べないはずです。しかも軍隊は絶対的なタテ社会なので、命令された者は従うしかありません。その意味では、一種の死刑宣告、もしくは殺人行為に近いと思います。もちろん、戦場に危険はつきものです。しかし、犠牲を最小限に抑えるように考えるのが戦術というものでしょう。

「一億玉砕」という名の人命軽視

特攻作戦だけではありません。例えば戦時中の新聞では、よく「玉砕」という言葉が使われました。もともとは、大本営（天皇直属の陸海軍の統帥機関）が前線部隊の全滅を「玉が砕け散る」と美しく言い換えたわけです。新聞はそれを見習い、各地の無残な敗北を玉砕と表現するようになったのです。

さらに末期になると、「一億玉砕」という言葉が紙面に登場するようになります。つまりは、「国家のため、天皇のために日本人全員が美しく砕けよう」という呼びかけです。今日の感覚では考えられませんが、当時はかなり本気でした。その証拠に、「本土決戦」と称して女性や子どもまでもが竹槍で戦う訓練を行っていたのです。

アメリカの軍事力が質量ともにいかに強大かは、さすがに誰もがわかっていたはずです。実際、日本軍は各地で敗退したから、いよいよ本土が戦場になるおそれがあった。それに対して軍人ですらない女性や子どもが、しかも竹槍を手に立ち向かったとして、どれほど太刀打ちできたでしょうか。

つまりこの訓練には、精神修養ほどの価値しかなかった。それをわかっていながら、なおかつ訓練を続けていた時点で、当時の日本はすでに限界を迎えていたわけです。**この根底にあるのも、徹底した「人命軽視」の姿勢**でしょう。

明治時代の半ばに制定された大日本帝国憲法でも、国民の基本的人権はある程度認められていました。しかし、それは天皇が国民（臣民）に与えるものであり、法律によって規制できるものでした。その意味では、まだ人権の意識が完全には根付いていなかったのかもしれません。

「学徒出陣」した学徒たちは何を考えていたのか

前途のある多くの若者が犠牲になったという意味では、**学徒出陣**も悲劇的な政策でした。

一九四三年（昭和一八年）、戦況の悪化とともに兵力が不足してくると、時の東条英機内閣は**二〇歳以上の文科系学生の徴兵に踏み切ります。**それまで二六歳までの大学生・専門学校生は兵役を免除されていましたが、その規定を撤廃したのです。

一〇月に東京の明治神宮外苑競技場で開かれた文部省主催の「学徒出陣壮行会」には、出陣する男子学生約二万五〇〇〇人、それを見送る女子学生約六万五〇〇〇人が参加。国威発揚のため、その模様はＮＨＫラジオによって実況中継されました。ちなみに壮行会は東京だけではなく、大阪や名古屋、それに台湾、朝鮮でも開かれています。

学業の途中で出陣する学生の心境は、どのようなものだったのか。それを真摯に物語っているのが、多くの戦没学生の手記を編集した『きけわだつみのこえ』（日本戦没学生記念会編、岩波文庫）です。

例えば、東京美術学校（東京藝術大学美術学部の前身）を卒業直後に入隊し、終戦直後に宮古島の野戦病院で二六歳で病没された関口清さんは、遺留品の手帳に以下のように記していました。

〈俺は苦しければ苦しいほど生きたいのだ。俺の運命の逆境が大きければ大きいほど俺が生に対する執着も大となるのだ。

俺は何と生き甲斐のある時代に生れたのだろうと思う。俺はこの戦争の、そして人類のいや総《すべ》ての結末がみたい。生きねばならぬ。貴重な宝を後世に残すべく、病魔と衰弱と、うえと、酷暑と戦わねばならぬのだ。幸いに俺は若いし根底にねばりを持ち、生命は、重きをになうほこりに満ちているのだ。

俺は植物の球根のように、逆境からその生命を守り、かつなし得る限りは肥大して春を‼

発芽の時期を静かにまとう。

それは必ずやって来る事を確信する。〉

また、さすがに美大卒らしく、手帳にいくつかのスケッチも残しています。やせ細った自身の姿の他、紙面いっぱいに食べものをちりばめた絵、それに家族の肖像なども描いていました。

あるいは京都帝国大学経済学部の学生で、終戦後にシンガポールで戦犯として処刑された木村久夫さんは、二八歳で亡くなる直前、「大きな歴史の転換の下には、私のような蔭の犠牲がいかに多くあったかを過去に照して知る時、全く無意味のように見える私の死も、大きな世界歴史の命ずるところと感知する」として、日本と自身の状況を以下のように分析しています。


〈日本は負けたのである。全世界の憤怒と非難との真只中《まっただなか》に負けたのである。日本がこれまであえてして来た数限りない無理非道を考える時、彼らの怒るのは全く当然なのである。今私は世界全人類の気晴らしの一つとして死んで行くのである。これで世界人類の気持が少しでも静まればよい。

それは将来の日本に幸福の種を遺《のこ》すことなのである。

私は何ら死に値する悪をした事はない。悪を為したのは他の人々である。しかし今の場合弁解は成立しない。江戸の敵《かたき》を長崎で討たれたのであるが、全世界から見れば彼らも私も同じく日本人である。彼らの責任を私がとって死ぬことは、一見大きな不合理のように見えるが、かかる不合理は過去において日本人がいやというほど他国人に強いて来た事であるから、あえて不服は言い得ないのである。彼らの眼に留《とま》った私が不運とするより他、苦情の持って行きどころはないのである。日本の軍隊のために犠牲になったと思えば死に切れないが、日本国民全体の罪と非難とを一身に浴びて死ぬと思えば腹も立たない。笑って死んで行ける。〉

このお二方だけではありません。『きけわだつみのこえ』に掲載されているのは、いずれも知性があり、理性があり、勇気もあり、両親や兄弟、友人や恩師への思いやりを忘れない若者ばかりです。いかに無謀な戦争が多大な犠牲を払ったか、痛感せずにはいられません。

死の直前まで学び続けた学生たち

学徒出陣といえばもう一冊、京都帝国大学の学生だった林尹夫《ただお》さんの日記や詩、手紙などをまとめた『わがいのち月明に燃ゆ』（ちくま文庫）もあります。林さんは終戦のわずか三週間ほど前、単身で搭乗していた偵察機が撃墜されて亡くなります。しかし、入隊後から死の直前まで本を読み続け、語学と西洋史の勉強を欠かしませんでした。
同書には、学問への情熱、家族や友人・恩師への思い、国家や軍隊生活に対する疑問、そして不安な日々の中で自らを律する言葉が克明に綴られています。例えば勉強を続ける理由について、自らに言い聞かせるように述べています。

〈いったいおれが、生きて娑婆《しゃば》に還れるかどうか。その可能性はきわめて少ない。いな、ほとんどない。ましてそれまでに、外国語を使う機会があるなどとは到底、考えられぬ。
しかしおれはいまでも「西欧的なものとはなにか」という問題を捨てないし、一生それを追いつづけてゆきたいと思っている。（略）
それゆえに私はなによりも欧州の言語をわが物とする必要があるのだ。それは役に立たぬ。有用性から言えば、無用の努力だ。しかし真に西洋を探究せんとする以上、とにかく、そのような態度で生きる事が肝要なのである。それゆえにこそ、おれは外国語をやりたいと思うのである。またやるべきであると思うのだ。専門的学者の道を進もうとは思わぬ。しかし素人でも、自己の問題の解明に進みゆくことが、人間の務めである。
おれは外国語を学び、西欧的なものの把握につとめようと思う。予備学生である以上に、また一個の人間として、学んでゆきたいのである。〉

これほど明晰な知性と自由な精神を持つ学徒を、半ば強制的に死に追いやってしまった当時の状況を思うと、せつなくなるばかりです。私自身、受験生のころにこれを読み、勉強の励みにしていました。平和な環境で学べることに感謝しつつ、多少なりとも遺志を継がなければならないと自らを鼓舞したわけです。

多大な犠牲だけを出し、敗戦へ

開戦からわずか半年後、一九四二年（昭和一七年）六月のミッドウェー海戦の大敗を機に、戦況は悪化の一途をたどります。

この状況に対し、政府も座して死を待っていたわけではありません。一九四四年（昭和一九年）七月、サイパン陥落の責任をとって東条英機内閣が総辞職すると、小磯国昭内閣が発足。同内閣に託されたのは、和平工作です。

しかし、まず中華民国の蔣介石政権と和平交渉を試みようとするも、国内に反対者が続出して断念。また対アメリカについては、一矢を報いた後に講和する道を探りますが、海軍が残された総力を結集して臨んだレイテ沖海戦（同年一〇月）で大敗したため、望みが絶たれました。ちなみに日本海軍が誇る戦艦武蔵が撃沈されたのも、先に述べた特攻作戦が初めて実施されたのも、この一戦です。

結局、小磯内閣は国内の政府と軍部の意向をまとめきれないまま、一九四五年（昭和二〇年）四月に瓦解。鈴木貫太郎内閣が後を継ぎます。

鈴木内閣が一縷の望みを託したのが、**中立条約を結んでいたソ連による和平の仲介**です。

同年七月、元首相の近衛文麿を特使としてモスクワに派遣し、国体護持以外の条件をすべて譲歩する覚悟で交渉に臨もうとします。

ところが、ソ連の**スターリン**※はこれを拒否。すでにこの年の二月、アメリカの**フランクリン・ルーズベルト大統領**※、イギリスの**チャーチル**※**首相**とともに**ヤルタ会談**※に臨み、日本への参戦と戦後処理について話し合っていたからです。また四月には、翌年四月に期限切れとなる日ソ中立条約を延長しない旨を日本に通達してきていました。

※**ヨシフ・スターリン**　一八七八～一九五三年、ソビエト連邦の政治家・軍人。「スターリン」は「鋼鉄の人」を意味する筆名で、本名はジュガシビリ。一九二二年に共産党書記長に就任すると、ライバルを排除して権力を掌握。その死後、党のフルシチョフ第一書記らが「スターリン批判」を展開。
※**フランクリン・ルーズベルト**　一八八二～一九四五年、アメリカの政治家。第三二代大統領。歴代アメリカ大統領中、唯一四選されている（現在は法律で二選まで）。一九三三年の就任時、世界恐慌からの復興を期して「ニューディール政策」を導入。その評価は賛否両論あるが、その後のGDPが上昇し、失業率が下落したことは事実。
※**ウインストン・チャーチル**　一八七四～一九六五年、イギリスの政治家。第二次政界大戦開戦直後に首相に就任。ドイツ軍によるロンドン空襲の際、連日のラジオ演説で国民を鼓舞し続けた。終戦直後の選挙で敗退して下野するが、一九五一～五五年に再登板。
※**ヤルタ会談**　一九四五年二月、クリミア半島南端の保養ヤルタで開催。ソ連の対日参戦の他、サハリン南部や千島列島などをソ連領とすること、ドイツの分割統治、国際連合の発足なども議論された。

ヤルタ会談（左から、英チャーチル、米ルーズベルト、ソ連スターリン）

これまで述べてきたとおり、日本にとってロシア（ソ連）は、開国以来ずっと脅威であり、仮想敵国でした。日清・日露戦争前後の顚末を見ても、一筋縄では行かない国であることは明らかです。この期に及んでそういう国に仲介を依頼するわけですから、**いかに当時の日本政府が国際的に孤立し、情報に疎く、また歴史からも学ぼうとしていなかったかがわかる**でしょう。

結局、戦争は継続され、本土の空襲は激しさを増し、一般市民の犠牲もさらに膨らんでいきます。七月に入ると、米英中は三国共同声明の形で、日本に即時無条件降伏などを求める「ポツダム宣言」を発表。政府は対応をまとめ切れず、同月末に鈴木首相がこれを「黙殺する」と述べると、米軍によって八月六日には広島、同九日には長崎に原爆が投下されました。

さらに八月八日には、**ソ連がヤルタ会談の合意に基づき、日ソ中立条約を一方的に破棄**するとともに**ポツ**

ダム宣言に加わり、日本へ宣戦布告。満州や朝鮮半島北部、南樺太、千島列島への侵攻を開始しました。ソ連は、最小の労力で最大の成果を得るために、日本が〝死に体〟となるタイミングを虎視眈々《こしたんたん》と狙っていたわけです。

これらの事態を受けて、日本政府は同一四日にポツダム宣言の受諾を各国に通達し、翌一五日に天皇の玉音放送を通じて国民にも降伏を知らせます。**三年半以上に及ぶ太平洋戦争が、これでようやく終結した**わけです。

この日中戦争から太平洋戦争を通じ、犠牲になった日本軍人はおよそ二三〇万人、民間人はおよそ八〇万人（このうち五〇万人は本土の空襲による）と言われています。ただし、正確な数字はわかりません。

また、ソ連の侵攻によって満州などの地をすべて奪われただけではなく、投降した日本軍人・在留邦人がシベリアの強制収容所へ連行され、最長約一〇年にわたって強制労働に従事させられます。これが**シベリア抑留**です。その数は、五七万人超。このうち日本への帰還を果たしたのは四七万人超で、約五万五〇〇〇人が現地で亡くなったとされています。

アメリカやソ連による〝やりすぎ〟感も否めません。しかし、こうした事態を招いた日本政府の判断ミスは重大です。冷静に見直すと、この戦争は、基本的に日本の〝自爆戦争〟と見えてきます。

当事者の声を後世に伝えるということ

戦争がいかに苛烈なものかは、誰でも想像がつくと思います。「戦争が好き」と公言する人はいません。しかし環境や条件が積み重なれば、あっさり国を挙げて好戦的なムードが漂うことも歴史が教えるところです。

では、**何が戦争の抑止力になるのか。**

現実的な話をすれば、一つには**国際協調や集団安全保障体制の維持**が欠かせません。それに加えて、これまで見てきたような**歴史から学ぶ姿勢も重要**でしょう。

そしてもう一つ、**実際に戦争の惨禍に遭った人々の声に耳を傾け、後世に伝えることも**、その当事者を両親や祖父母、曾祖父母に持つ私たちの責務ではないでしょうか。

二〇一七年（平成二九年）三月、私はNHK・BSのドキュメンタリー番組「昭和の選択」に出演させていただきました。取り上げたのは書家の井上有一。「噫《ああ》横川国民学校」という作品を残しています。まるで一つひとつの文字が叫んでいるかのような、あるいは供養の経文のような、「日本のゲルニカ」とも称される作品です。一度見たらけっして忘れないでしょう。

戦時中、井上は東京の下町にある横川国民学校の教師でした。他の学校と同様、千葉県に集団で疎開していたのですが、一九四五年（昭和二〇年）三月、卒業する生徒たちを東京に戻すことになります。その前に仕事で東京を訪れた井上は、すでに空襲の被害を受けていた街並みを目の当たりにし、子どもたちを千葉に留めたほうがいいと考えます。しかし国からの命令である以上、逆らえません。仕方なく子どもたちを引率して東京の国民小学校に戻るのですが、そこで東京大空襲に遭うのです。井上は奇跡的に生き残ります。しかし地域の人々は、ことごとく戦火に焼かれました。連れてきた子どもたちも、そこに含まれます。井上がどれほど悔い、怒りや苦しみを抱えて戦後を生きたか、想像に難くありません。

そして終戦から三三年を経た一九七八年（昭和五三年）、教員を定年退職し、思いをすべてぶつけるように書き上げたのが「噫横川国民学校」です。

そこには空襲当夜の地獄絵図のような状況が描写されています。

〈アメリカＢ29夜間東京空襲　闇黒東都忽化火海　江東一帯焦熱地獄　茲本所区横川国民学校　避難人民一千有余　猛火包囲　老若男女声なく再度脱出の気力もなし　舎内火のため昼の如く　鉄窓硝子一挙破壊　一瞬裂音忽ち舎内火と化す　一千難民逃げるに所なく　金庫の中の如し　親は愛児を庇い子は親に縋る　「お父ちゃーん」「お母ちゃーん」　子は親にすがって親をよべ共　親の応えは呻き声のみ〉

そして、以下の言葉で締めくくられています。

〈死者実に十万　我前夜横川国民学校宿直にて奇蹟生残　倉庫内にて聞きし親子断末魔の声　終生忘るなし

ゆういち〉

広島・長崎の原爆にまつわる記録は多数ありますが、子ども向けに書かれた『いしぶみ』（広島テレビ放送編、ポプラ社）もその一つです。広島の原爆によって、勤労動員中だった広島第二中学校の一年生三二一人全員と先生四人が亡くなりました。同書は、民放の広島テレビ放送が一九六九年（昭和四四年）に制作したドキュメンタリー番組「碑《いしぶみ》」を書籍化したもので、生き残られた親御さんが、わが子の最期の様子を綴った手記をもとに構成されています。

即死した子どもも多かったのですが、重症のまま二〜三日生き続けた子どももいます。その中に、山下明治くんという男の子がいました。以下は、そのお母さんの記録です。

〈明治は、亡くなるとき、弟、妹のひとりひとりに別れの言葉をいい、わたしが鹿児島のおじいさんに、なんといいましょうか、と申しましたら、りっぱに、と申しました。

死期がせまり、わたしも思わず、お母ちゃんもいっしょに行くからね、と申しましたら、あとからでいいよ、と申しました。

そのときは無我夢中でしたが、あとから考えますと、なんとまあ、意味の深い言葉でしょうか。

お母ちゃんに会えたからいいよ、とも申しました。〉

旧制中学の一年生といえば、まだ一二歳です。もちろん広島二中だけではなく、各地の空襲によって前途のあったはずの子どもたちが数多く亡くなっています。彼らこそ、戦争の最大の犠牲者かもしれません。

しかし一方で、私はこの短い一文に、戦後日本の復興の芽のようなものも感じます。生死の境をさまよう苦しさの中でも、けっして自己中心的にはならず、親や弟・妹を思いやることができる。国のために「立派に」尽くしたという誇りもある。わずか一二歳ながら、きわめて立派ではないでしょうか。

明治くんは亡くなりましたが、こういう人たちが数多く生き残ったからこそ、日本は立ち直ることができた気がします。人のために一生懸命に働き、誇りを失わず、高度経済成長時代を牽引していったわけです。

見方を変えるなら、これほど真面目で聡明で、一致団結すれば世界が驚くほどの復興を成し遂げるプラスのパワーを持っている日本人が、一時は戦争というマイナスに全精力を注ぎ込んでしまったということでもある。特定の誰かが悪いという話ではありません。日本人全員が、肝に銘じておおいに反省すべきでしょう。

「勘」が失われた昭和の日本

反省といえば、晩年の吉田茂は先に紹介した著書『日本を決定した百年』の「はじめに」で、同書を刊行する意義について以下のように述べています。

〈日本は太平洋戦争という大失敗も犯したが、全体としては激しい国際政治の荒波のなかを巧みに舵をとってきた。しかし、それは日本人のすぐれた「勘」のたまものなのである。とくに明治の指導者たちはすぐれた「勘」をもっていた。だから私は事あるごとに「勘」の必要を説いてきたのである。しかし、「勘」というものは幸運と同じように、つくり出そうとしてつくり出せるものではない。それらはともに、すぐれた歴史の感覚をもち、勤勉に働く国民に与えられる一種の贈り物のようなものである。自分たちの成功に酔ったり、実力を過信する人びとには、幸運も「勘」も与えられはしないのである。日本の歴史もそのことを示している。

明治百年をかえりみて、私はつくづくそう思うし、これからの日本を背負う人びとにもそのことをわかってほしい。〉

さすがに慧眼《けいがん》という気がします。「日本の近代とは何か」ということを、見事に言い表しているのではないでしょうか。たしかに「勘」が働いたからこそ、明治の日本は一気に成長できました。それを牽引したのが西郷隆盛であり、大久保利通であり、伊藤博文です。もし彼らが昭和の時代に生きていれば、つまり「勘」を働かせることができていれば、「太平洋戦争という大失敗」を犯さなかったかもしれません。

では翻って、戦後日本の「勘」はどこまで働いていたのでしょうか。たしかに高度成長期あたりまでは、しっかり働いていた気がします。しかし吉田の指摘どおり、いつの頃からか、また酔ったり過信したりという風潮も現れてきました。幸い戦争のような事態には至っていませんが、得意だったはずの経済で停滞が続いています。いささか「勘」が鈍ったまま、今日に至っているという感じではないでしょうか。

次章以降で、このあたりを追ってみることにします。

4章のポイント

- 当時、日本の帝国陸軍が仮想敵国としていたのはロシアで、帝国海軍はアメリカが敵国だった。
- 日露戦争後、戦勝国である日本が獲得をもくろんでいた権益をめぐり、日米間の対立が生まれる。
- 伊藤博文が暗殺されてから文民統制が利かず、満州での軍部の暴走が始まる。
- 第一次世界大戦の結果日本は、領土的・経済的な恩恵をふんだんに享受する。
- 戦闘に参加しなかった日本は、兵器の近代化が遅れることになる。
- 中華民国での日本の支配を強めたため、中華民国内での反日感情が高まったほか、西欧各国からも「危険な侵略国家」というイメージで見られるようになった。
- シベリア出兵は、多くの犠牲者を出し、約一〇億円もの戦費を費やしたばかりで、得たものは何もなかった。
- この時代日本は、内向きで、独善的で、文民統制さえ利かない政府に成り下がり、国際情勢を正確に見極める目を持たず、軍部の暴走を許した。また特攻・学徒出陣・一億総玉砕のスローガンなどは、甚だしい人命軽視であった。

5章

占領下の日本

――「精神」まで変革を迫られて

5章 まとめの年表「占領下の日本」

1945年（昭和20年）	戦争終結
	ＧＨＱ上陸、アメリカによる占領政策が始まる
	POINT **財閥解体、軍需産業廃止、教育改革や農地改革など、新しい制度づくりが開始**
	幣原喜重郎内閣、憲法問題調査委員会を立ち上げる
1946年（昭和21年）	ＧＨＱ案をもとにした改正憲法の原案（憲法改正草案要綱）公表
	吉田茂、首相に就任
	東京裁判、開廷
	日本国憲法公布
1947年（昭和22年）	日本国憲法施行
1948年（昭和23年）	東京裁判、結審
1949年（昭和24年）	中華人民共和国成立
1950年（昭和25年）	朝鮮戦争始まる
	POINT **アジアを舞台とした米ソ冷戦が始まる**
1951年（昭和26年）	サンフランシスコ講和条約に調印
1956年（昭和31年）	日本、国際連合に加盟
1960年（昭和35年）	ベトナム戦争始まる
1975年（昭和50年）	ベトナム戦争終結

「聖断」でマインドを一八〇度転換

一九四五年（昭和二〇年）八月末以降、連合国軍最高司令官総司令部（ＧＨＱ）として日本に乗り込んできたアメリカ兵たちがもっとも驚いたのは、**日本人の冷静さ**だったそうです。

ほんの半月前まで、日本人は「一億玉砕」「鬼畜米英」「本土決戦」と勇ましく叫んでいました。女性や子どもでさえ竹槍を持ち、〝決戦〟に備えて訓練を行っていたことは、すでに述べたとおりです。

ところが、八月一五日正午に天皇の肉声による「終戦の詔書」の朗読、いわゆる玉音放送がラジオから流れたとたん、一気にマインドを終戦・平和モードに切り替えたのです。悔しさや今後への不安はあったと思いますが、暴動が起きるようなことはありませんでした。子どもたちに至っては、米兵を見つけるや「ギブ・ミー・チョコレート」「ギブ・ミー・チューインガム」と後を追いかけたそうです。

さらに驚くべきは軍部で、当時はまだ数百万人もの軍人が残っていたと言われていますが、一斉に武装解除・解散に応じました。なお徹底抗戦を主張する一派もいたようですが、大きな動きにはなっていません。それは明治維新の際、その地位や権利の剝奪をあっさり受け入れた武士の姿に似ています。

もちろん、ＧＨＱの指示でもあったのですが、これほど整然と解散し、それぞれ民間人に戻っていった軍隊は、おそらく世界史上でも例がないでしょう。これには大きく二つの理由が考えられます。

一つは、**終戦が「聖断（天皇の決断）」という形で発表されたということです。**先の大戦の大義名分も、天皇を守ること、そして国体護持でした。その天皇が「戦争をやめる」と宣言した以上、もう戦う理由はすべて失われるわけです。

そしてもう一つは、**当の軍人が敗戦と国民の犠牲を恥じ、責任を取るべきと自省していたから。**言い換えるなら、新しい時代の到来を自覚していたということです。復興し、民主主義に則った平和と安定の社会を築こうと一八〇度ビジョンを切り替えた。だから柔軟に対応できたわけです。その判断力、適応力は見事と言うしかありません。

かくして日本は、ＧＨＱの支配下で戦後処理と国家の再建に着手します。喫緊の大きな課題は戦争の責任者の断罪、つまり**「東京裁判（極東国際軍事裁判）」**と大日本帝国憲法に代わる**「日本国憲法」の制定**です。

「東京裁判」に対する二つの見方

米英などを中心とする勝者の連合国側が、日本の戦争指導者二八名を「A級戦犯」と認定して裁いた裁判、それが**東京裁判**です。一九四六年（昭和二一年）五月に開廷し、一九四八年（昭和二三年）に結審するまで、二年半にもわたって審議が行われました。

この裁判自体の意義や正当性については、今日でも賛否両論あります。政治学者・日暮吉延さんの著書『東京裁判』（講談社現代新書）は、その事実関係を詳細に分析・整理しています。

それによると、東京裁判は当時から「文明の裁き」論という肯定論と、「勝者の裁き」論という否定論が正面衝突していました。これが、論争の基本的構図です。

まず「文明の裁き」論とは、「日本の侵略と残虐行為の責任を『文明』的な裁判方式で追及したことをいわば『美徳』として評価する肯定論」。そうすると、日本の都市部への空襲や原爆投下なども、すべて侵略者を打倒して犠牲者を少なくするためとして正当化できるというわけです。要するに、「悪」に対して「正義」の制裁を加えたという意味合いになります。

一方、「勝者の裁き」論とは、「指導者個人を国際法で罰するのは事後法の適用である」とするものです。刑法が適用されるのは、あらかじめ定められた条文に反したときだけです。何か事態が起きたとき、その後から条文を追加して罰することを事後法といい、一般的に禁止されています。

実際、戦争の開始などについて、指導者個人を国際法で罰するという規定は存在していませんでした。例えば「平和に対する罪」がその典型で、東京裁判ではこれが「A級犯罪」とされました。侵略戦争を否定したという意味で画期的、と高く評価する見方もありますが、戦前・戦中の国際法にこの概念は存在していません。まさに事後法であり、東京裁判は勝者による政治的な報復にすぎない、というわけです。

日暮さんはこうして両論を紹介した上で、「東京裁判が『勝者の裁き』というのは自明である。そうではないことを証明するほうが無理だろう」と指摘。しかし「東京裁判を全面否定するのは正しくない」とも述べています。

たしかに、法律に規定がないからといって、少なくとも日本の行為が正しかったとは言えないでしょう。仮に東京裁判を全否定したとすると、先の戦争を主導した為政者・軍人は誰も裁かれないことになります。それはそれで、日本国民としても納得できるものではないでしょう。

天皇が訴追されなかった理由

東京裁判の焦点は、**天皇の戦争犯罪を問えるか**、ということです。

前章でも述べたとおり、戦前の日本の統治システムには、「統帥権の独立」という問題がありました。軍部は政府から独立し、ただ天皇のみが最高責任者として指示を出せる立場にいる、ということです。

陸軍は、それを旗印にして朝鮮半島や満州で暴走しました。それを止めることができたのは、天皇だけ。止めなかった以上、責任を問われても仕方がないのではないか、というわけです。

しかし、天皇の訴追は国民の多くが望んでいませんでした。戦時中に多くの兵士が「天皇陛下万歳」と叫びながら亡くなったことに疑問を感じつつも、九割以上の国民は天皇家や天皇個人に対する敬愛の気持ちを変えなかったとも言われています。

先に紹介したとおり、玉音放送とともに戦闘モードが一気に霧散したことも、国民の気持ちを象徴しています。天皇と国体を守るために戦い、天皇のひと言で平時に戻ることが国民のほぼ総意だったのです。

そうした天皇の影響力を目の当たりにし、国家の再建に活かそうと考えたのがアメリカです。特に連合国軍最高司令官の**ダグラス・マッカーサー**※は、終戦から一ヵ月半後の一九四五年（昭和二〇年）九月二七日に天皇と会見し、**占領政策を遂行する上で天皇の存在は不可欠と判断した**と言われています。一方、オーストラリアとニュージーランドは訴追に積極的でしたが、アメリカがこれを説き伏せ、裁判の開始前には「訴追せず」の方針が固まりました。

たしかに、もし天皇が裁かれたり、天皇家が廃止されたりするようなことがあれば、日本国内ではたいへんな反発や暴動が起きていたでしょう。反米感情が高まれば、ソ連の影響力が増して共産化するおそれもある。国際関係上、それだけは避けたかったはずです。

そのような事態になるくらいなら、**天皇制を存続させて穏便に占領政策を進めたほうがずっと合理的**でしょう。

結局、A級戦犯二八人のうち二五人が有罪（残る三人のうち二人は裁判中に死亡、一人は病気のため起

※ダグラス・マッカーサー　一八八〇～一九六四年、アメリカの軍人。太平洋戦争開戦時はフィリピン駐在の米国極東軍司令官。一時は日本軍の侵攻を受け、オーストラリアへ逃れる。朝鮮戦争では国連軍司令官に任命されるが、トルーマン大統領と対立して更迭された。

米戦艦ミズーリ艦上で日本の降伏文書に署名するマッカーサー連合軍最高司令官。1945年9月2日

訴取消）となり、その中で東条英機元首相や広田弘毅《ひろたこうき》元首相など七人が絞首刑となりました。

なお、戦犯を裁いた裁判は東京裁判だけではありません。「通常の戦争犯罪」はB級、「人道に対する罪」はC級と定義され、国内・アジア各地など合わせて四九ヵ所で裁判が行われました。被告となったのは約五七〇〇人で、このうち約一〇〇〇人が死刑になっています。

パール判事はなぜ「全員無罪」を主張したのか

ところで、もし侵略を「平和に対する罪」として問題にするのなら、西欧列強こそ罰を免れないはずです。遠く遡れば一六世紀の大航海時代以降、彼らが中南米やアフリカ、中東、アジアに対して何をしてきたか。その歴史は、まさに侵略に次ぐ侵略でした。

ましてやソ連の場合、終戦間際に日ソ中立条約を無視して満州に侵入したことは、すでに述べたとおりです。民間人を相手に略奪や暴行を働き、軍人とともに拘束して大量にシベリアへ送り込み、強制労働に従事させました。

あるいは千島列島への侵攻を開始したのは、日本がポツダム宣言を受諾した一九四五年（昭和二〇年）八月一五日以降です。まさに火事場泥棒のようなものですが、これらの行為については国も個人も何ら裁かれていません。

東京裁判の場でこれらの問題を提起したのが、インドから参加したパール判事です。だから彼らに日本の侵略行為を裁く権利はない、というわけです。そもそも国際法の原則に則れば、戦争で個人を裁くような論理は通用しない、したがって被告たちはいずれも無罪であるというのがパール判事の意見でした。『パール判事の日本無罪論』（田中正明著、小学館文庫）によれば、具体的な論旨として以下の三点を挙げています。

〈一、国際生活においては、どの種類の戦争も、犯罪もしくは違法とはならなかったということ。

二、政府を構成し、その政府の機関としての機能を遂行する人びとは、彼らがなしたと主張される行為について、国際法上なんらの刑事責任を負うものでないこと。

三、国際団体は、国家もしくは個人を有罪と決定し、これを処罰するための司法的手続きを、その機構内に包含することを得策とするような段階には、今日までのところ到達していないこと〉

むしろ当時は、西欧各国がソ連という共産主義国の誕生に脅威を感じていた。日本もその例外ではなく、満州国建国はその一環だった、とも説いています。

〈（略）全世界は、共産主義および共産国家によってもたらされるおそれのある侵略に対し、過去においても準備をなしつつあったし、なお現在においてもその準備をしているのである。本官はとくに選び出して、日本の準備だけが、侵略的なものであった、といわなければならない理由を見出すことはできない〉

一九五二年（昭和二七年）、ふたたび日本を訪れたパール判事は、大阪弁護士会館で講演を行っています。大勢の弁護士の前で東京裁判と国際法の問題点を挙げ、各国の法曹界で議論が沸き起こっていると述べた後、以下のように続けます。

〈日本とドイツに起きたこの二つの国際軍事裁判を、他の国の法律学者が、このように重大問題として真剣に取り上げているのに、肝心の日本において、これがいっこうに問題視されないということはどうしたことか。これは敗戦の副産物ではないかと思う。すなわち一つの戦争の破壊があまりにも悲惨で、打撃が大きかったために、生活そのものに追われて思考の余地を失ったこと、二つにはアメリカの巧妙なる占領政策と、戦時宣伝、心理作戦に災いされて、過去の一切があやまりで

あったという罪悪感に陥り、バックボーンを抜かれて無気力になってしまったことである〉

特にアメリカの影響については、東京裁判にかぎらず、戦後日本の社会・文化全般に言えることかもしれません。

東京裁判については、今日でもさまざまな議論があります。いわゆる「東京裁判史観」と呼ばれるものもその一つ。東京裁判の判決に則った見方で、**日本は侵略国であり、周辺国に迷惑をかけたのだから、二五人のA級戦犯が刑を受けるのは当然とするもの**です。学校教育でも、メディアでも、こう伝えられることが多いと思います。

一方、この見方に批判的な立場からは、これを「自虐史観」と評することもあります。東京裁判やGHQの占領政策により、**戦後の国民には「戦前の日本＝悪」というイメージが植え付けられたが、それは一面的にすぎるのではないか**、というわけです。

日米開戦はレーニンの策略だった？

日本とアメリカは、果たして戦うべきであったのか。そうした疑問は、アメリカ側にもあります。ソ連の誕生で共産主義が膨張する中、日本が対抗措置として軍備を増強するのは必然だった。ところが、その**日本をルーズベルト大統領が圧迫外交で窮地に追い込み、暴発させて自滅を誘ったことに**

より、ソ連のみならず中国でも共産主義を増長させてしまった——そのような見方がアメリカでもあるのです。

その見方に拍車をかけたのが、一九九五年（平成七年）にアメリカ政府が公開した「ヴェノナ文書」と呼ばれる文書です。戦前から戦後にかけての在米ソ連スパイの交信記録を解読したものらしい。これにより、ルーズベルトの側近の中にスパイが交じっていたことが証明されたという主張もあります。

では、ソ連という国の基本戦略は何だったのか。これについては、レーニンが一九二〇年に行った演説の記録（『レーニン全集　第31巻』マルクス＝レーニン主義研究所訳、大月書店）が参考になります。「全世界で社会主義が最後的に勝利する日まで」の基本的準則として、レーニンはこう述べています。

〈二つの帝国主義のあいだの、二つの資本主義的国家群のあいだの対立と矛盾を利用し、彼らをたがいにけしかけるべきだということである。〉

レーニンは、「こんにちの資本主義世界には、利用すべき根本的対立があるであろうか？」と言い、こう続けています。

〈第一の、われわれにもっとも近い対立——それは、日本とアメリカの関係である。両者のあいだには戦争が準備されている。（中略）共産主義政策の実践的課題は、この敵意を利用して、彼らをたがいにいがみ合わせることである。そこに、新しい情勢が生まれる。二つの帝国主義国、日本とアメリカをとってみるなら——両者はたたかおうとのぞんでおり、世界制覇《せいは》をめざして、略奪する権利をめざして、たたかうであろう。〉（「ロシア共産党（ボ）モスクワ組織の活動分子の会合での演説」より）

つまり**資本主義国どうしの対立を煽《あお》り、戦争を起こさせ、その混乱に乗じて共産党員が労働組合とともに反戦平和運動を展開し、自国が戦争に負けるように仕向ける**というわけです。そして**戦争に敗北したら、一気に政府を打倒して権力を振るう。**これが、レーニンが言っている戦略でしょう。

その役割を担ったのが、**「コミンテルン（第三インターナショナル）」**と呼ばれる組織です。一九一九年にボリシェビキ（ロシア共産党）が主導して誕生した共産主義者の国際組織であり、例えば中国共産党はもともとコミンテルンの中国支部、日本共産党はコミンテルンの日本支部でした。またアメリカ共産党も一九二一年に発足しています。彼らが目指すのは、**万国の労働者が団結して資本家に勝利し、共産主義政権を樹立すること。**そのためには、現状の国家を転覆させることも厭わないわけです。

レーニンは一九二四年に亡くなっているので、日米開戦に直接関わってはいません。しかし、この演説を見てみると、太平洋戦争はコミンテルンの思う壺だった、という見方もできます。

この一九二〇年の演説では、資本主義国間の第三の対立として、こう述べています。

〈さらに、第三の不和は、協商国とドイツとのあいだにある。ドイツは敗戦し、ヴェルサイユ条約でおさえつけられているが、しかし巨大な経済的可能性をもっている。（中略）ヴェルサイユ条約のあとでは、ドイツは経済的に生きていくことができない。〉

再びドイツが戦争の中心となる第二次世界大戦を予見する内容です。レーニンの眼力には恐るべきものがあります。

アメリカの誤算——日本を叩いて共産主義が台頭

実際、日米の激突によって日本は国力を激減させました。ソ連はその頃合いを見計らって満州や千島列島などに侵攻し、北東アジアにおける日本の権益を奪います。さらに朝鮮半島もすべてソ連に占領されそうなところを、アメリカが三八度線で食い止めました。**アメリカにとっては、日本という反共産主義の防波堤を失った結果です。**

その結果、共産主義は世界で広がります。ソ連のスターリンは数百万人、見方によっては一〇〇〇万人以上の自国民を殺害したと言われています。あるいは**毛沢東**※が主導した**文化大革命**※中の中国でも、ポルポト派率いるカンボジアでも、ソ連の後押しによって**金日成**《キムイルソン》※が建国した北朝鮮でも多数の犠牲者が出ました。

共産政権は独裁主義的な権力になりやすく、対抗するものを粛清する傾向が見られます。本来、労働者が万国で団結することで平等な社会を築くはずでしたが、各地に大虐殺社会が生まれてしまったわけです。もちろん、マルクスもここまでは想定していなかったでしょう。

そして何より、**アメリカにとって大きな誤算は中国の共産化でしょう。**同国では毛沢東が建国の父ということになっていますが、ある意味アメリカこそ最大の功労者です。太平洋戦争によって、アメリカは中国を日本から解放しました。おそらくアメリカとしては、このまま中国が親米国家となり、自由主義・資本主義の陣営に加わると期待していたはずです。

ところが終戦後、それまで協力して日本と戦っていた蒋介石率いる国民党軍と毛沢東率いる共産党

※毛沢東　一八九三～一九七六年、中国の政治家。一九二一年の中国共産党創立メンバーの一人。太平洋戦争後、国民党との内戦に勝利して四九年に中華人民共和国を建国。しかし計画経済で成長を促す「大躍進政策」で失敗し、国家主席の座を劉少奇に譲る。その巻き返しを図ったのが文化大革命。

※文化大革命　一九六六年から約一〇年におよぶ、毛沢東らが主導した大規模な政治闘争。劉少奇国家主席らを「資本主義の道を歩んでいる」として実権を剥奪、全国の青年を「紅衛兵」として組織し、多くの知識人や資産家層を迫害した。七六年の毛沢東の死によって終結。八一年、党は一連の動きを「歴史的な誤り」と否定した。

※金日成（キムイルソン）　一九一二～一九九四年、朝鮮民主主義人民共和国（北朝鮮）の指導者。青年期から中国共産党に入党し、抗日運動を展開。一九四八年に北朝鮮を樹立して首相に就任、七二年より国家主席。

軍が対立し、国民党軍が破れて台湾に敗走します。これによって中国大陸では共産党一党支配による中華人民共和国が誕生するわけです。アメリカにとっては、恩を仇で返されたようなものでしょう。蔣介石を過大評価していたのかもしれません。

さらに考えてみれば、そもそもヤルタ会談でチャーチルとともにスターリンを招き、ソ連に対日参戦を促したこと自体が間違いだったという見方もできます。肯定的に見ればのちの国際連合の設立につながったとも言えますが、**この会談がソ連にアジア進出への大義名分を与えてしまった**わけです。**アメリカにとって本当の敵は、**日本ではなく、**ソ連であり、共産主義だったのではないか。**

戦後迎えた東西冷戦の緊張状態は、そうした疑問を米国内でも生んだということです。

あるいは冷戦だけではなく、一九五〇年には朝鮮戦争、一九六〇～七五年にはベトナム戦争と、**米ソ両国はアジアで泥沼の〝代理戦争〟を繰り広げました。**日本にとって太平洋戦争終結後はずっと「戦後」ですが、米ソはその後も戦争を継続していたわけです。

フーバー大統領の回顧録

歴史の検証には、重大な意思決定に関わった当事者の回顧録が資料になります。

ルーズベルトの前任者であるハーバート・フーバー大統領の回顧録『裏切られた自由（FREEDOM BETRAYED)』（原著は二〇一一年一一月刊。邦訳は現在上巻のみ。草思社）は、ルーズベルトに批判的です。

回顧録には、例えば以下のような記述があります。

一九四一年、近衛新内閣において、「日本の状況は、侵略行為をやめ、中国に自由を回復させるのに好都合な環境に変化していたのである」とフーバーは言います。グルー駐日米大使は、経済制裁はむしろ危険であると訴えていました。以下フーバーの言葉です。

〈グルー大使の意見がありながら、一九四一年七月二十五日、ルーズベルトは日本からの提案を一顧だにせず、日本に対する経済制裁を突然に強化したのである。ヒトラーのスターリンへの攻撃が始まった一カ月後のことである。日本向け輸出および日本からの輸入をすべて政府の管理下に置いた。さらに米国における日本の資産を凍結した。これにイギリスとオランダが続いた。

この制裁によって日本がとれる選択肢は次の三つに限定されてしまった。
一、南方に進み、食糧および石油などを占領地域で確保する。占領する地域はタイ、マラヤ、蘭領東インド諸島などとなる。

第31代米大統領ハーバート・フーバー

二、経済制裁の首魁《しゅかい》たるアメリカを攻撃する。
三、再び、米英のアングロサクソン連合との和平構築を目指す。〉

フーバーは、同書の「第42章　日本を刺激する方法　その五：誰に責任を負わせるか」で、三人の重要人物の証言を引用しています。

まずは真珠湾の駆逐艦隊司令官の言葉です。

〈ルーズベルト大統領は、日本に対する外交的、経済的圧力を緩めることなく徐々に強めていった。日本を戦争に追いやることが狙いだった。そして同時に、太平洋艦隊を真珠湾に置いたままにした。これは奇襲攻撃の呼び水であった。大統領のやり方は完全なる外交的勝利だった。日本に先に戦争行為に出てもらいたいという思いが、大統領や彼の文官顧問らに、軍事的なアドバイスを無視させたのである。このような結論にならざるを得ないことには、もはや議論の余地はない。軍のアドバイスが考慮されていたら、真珠湾攻撃による被害も多少は軽減されていたに違いない。〉

そしてアメリカ外交に外交官として長く携わり、ロシアの専門家でもある歴史家ジョージ・F・ケナンは、次のように結論づけています。

〈日本との戦いを避けるという方針が、入念にそして現実に則して（ルーズベルト政権によって）実施されていたら、アメリカ外交はかなり違うものになっていただろう。その外交の結果もまた違っていたにちがいない。〉

さらに英国の歴史家ラッセル・グレンフェル大佐は、次のように結論づけています。

〈ある程度の事情がわかっている者は、日本が悪辣《あくらつ》な奇襲攻撃をアメリカに仕掛けたなどとは考えない。真珠湾攻撃は、予期されていただけでなく期待されていた。ルーズベルト大統領がアメリカを戦争に導きたかったことに疑いの余地はない。ただ、政治的な理由で、最初の一撃は相手側から発せられる必要があった。だからこそ日本に対する締め付けを強めていったのである。その締め付けは、自尊心のある国であれば、もはや武器を取るしかないと思わせるところまでいっていた。アメリカ大統領によって日本は、アメリカを攻撃させられることになっていた。オリバー・リトルトンは英国の戦時生産大臣であったが、一九四四年に、「日本は真珠湾を攻撃するよう挑発されたのである。アメリカが戦争に無理やり引きずりこまれた、などと主張することは茶番以外の何物でもない」と述べている。〉

真珠湾攻撃について、フーバーがこのような証言を重視していることは注目に値します。

フーバーは、こうした証言を受けて、次のように言っています。

〈真実の歴史がしっかりと語られること、そして、多くの戦争の犠牲（者）から教訓を学ぶことが重要である。たくさんの人が亡くなった。その原因は、指導者の拙い政治指導にあった。そのことが忘れられるようなことがあってはならない。だからこそ私はこの回顧録を執筆した。〉

日本の立場からではなく、アメリカの大統領経験者の発言だけに、傾聴する価値はあると思います。史実は私たちが思う以上に、さまざまな思惑が蠢《うごめ》いて成り立っているようです。それは、今日の国際社会でも同じでしょう。フーバーの言説も、フーバーから見た歴史です。一つの見方だけでケリがつくものではありません。さまざまな資料を総合的に検討することが必要です。

「日本国憲法」はGHQに押し付けられたのか

終戦直後のもう一つの大事業といえば、**「日本国憲法」の制定**です。これについても、GHQから押し付けられたのか、それとも日本人が自主的に作ったのかという議論が昔からあります。制定から七〇年を経た昨今、改正論議が盛んなことも周知のとおりです。

そもそも大日本帝国憲法に代わる新憲法が必要になったのは、日本がポツダム宣言を受け入れたからです。そこには、降伏の条件として**「民主主義の推進」「基本的人権の尊重」「武装解除」**などが掲げられていました。

これらを満たす上で、**「天皇主権」「人権は法律の範囲内で」「陸海軍を天皇が統帥」などと定められた帝国憲法では都合が悪いのではないか、**という議論が生まれたのです。

そこで敗戦からわずか二ヵ月後の一九四五年（昭和二〇年）一〇月、発足したばかりの幣原喜重郎内閣は、国務大臣の松本烝治《じょうじ》を委員長として、憲法改正について協議する「憲法問題調査委員会」を立ち上げました。しかし同委員会での結論は、「大きな改正は不要」。帝国憲法の枠組みを残したままでも、民主的な国家運営は可能と考えたのです。

ところが、その保守的な改正案を察知して驚いたマッカーサーは、翌一九四六年（昭和二一年）二月にGHQ自らが憲法改正案を起草するよう指示。その後憲法問題調査委員会による案の提出があったものの、同月一三日にはGHQ改正案が日本政府に提示されます。つまり委員会の案は、完全に無視されたわけです。

その後、GHQと政府とで交渉を重ね、翌三月にはGHQ案をもとにした改正憲法の原案（憲法改正草案要綱）を公表。それから国会において帝国憲法に則った憲法改正の手続きが行われ、また一方では国語学者らによって条文の「口語化」の作業が行われ、**同年一一月三日に「日本国憲法」として公布されました。施行は翌一九四七年（昭和二二年）五月三日**です。

こういう経緯だけをたどれば、いかにも日本国憲法はGHQに押し付けられたという気もします。

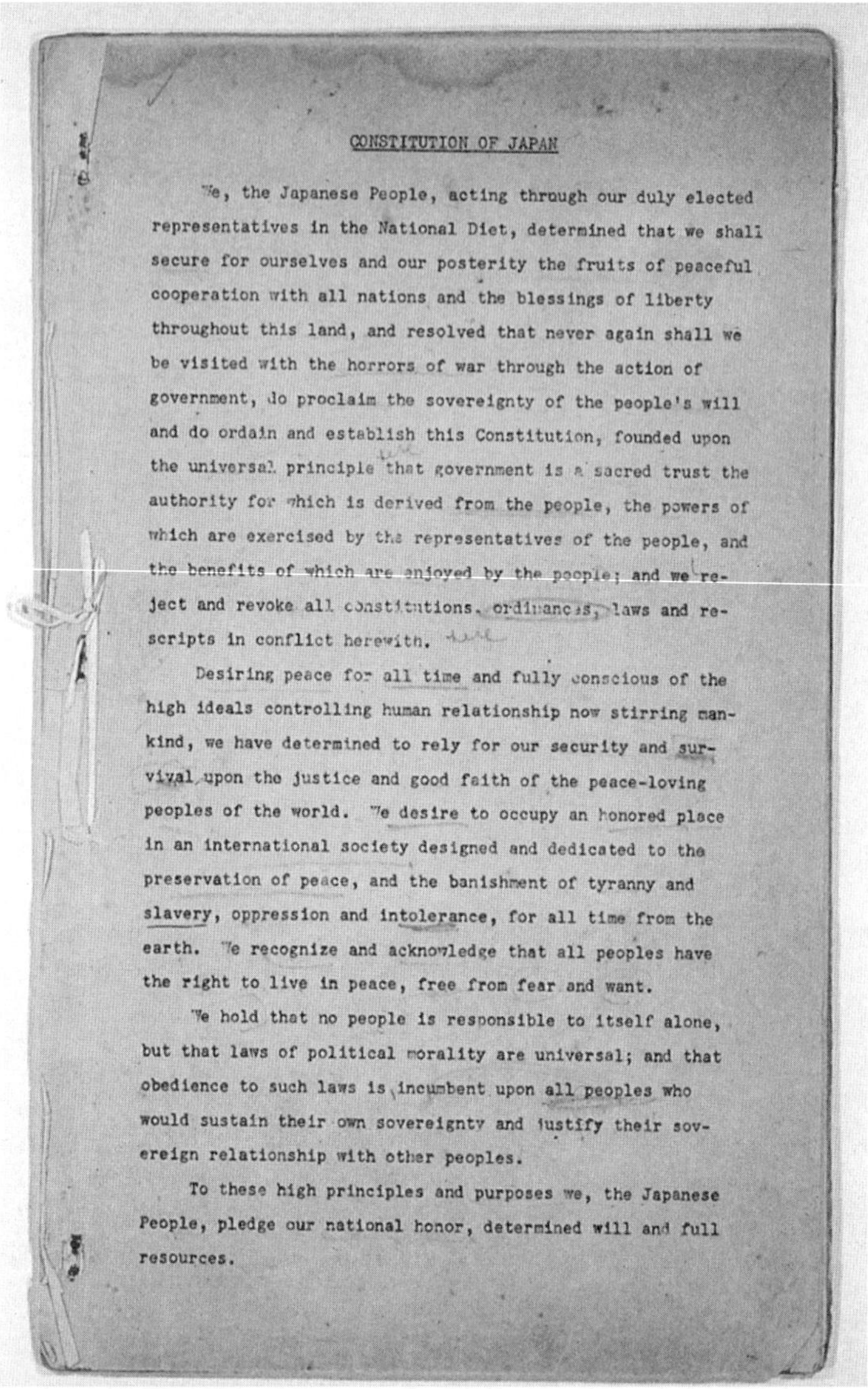

CONSTITUTION OF JAPAN

We, the Japanese People, acting through our duly elected representatives in the National Diet, determined that we shall secure for ourselves and our posterity the fruits of peaceful cooperation with all nations and the blessings of liberty throughout this land, and resolved that never again shall we be visited with the horrors of war through the action of government, do proclaim the sovereignty of the people's will and do ordain and establish this Constitution, founded upon the universal principle that government is a sacred trust the authority for which is derived from the people, the powers of which are exercised by the representatives of the people, and the benefits of which are enjoyed by the people; and we reject and revoke all constitutions, ordinances, laws and rescripts in conflict herewith.

Desiring peace for all time and fully conscious of the high ideals controlling human relationship now stirring mankind, we have determined to rely for our security and survival upon the justice and good faith of the peace-loving peoples of the world. We desire to occupy an honored place in an international society designed and dedicated to the preservation of peace, and the banishment of tyranny and slavery, oppression and intolerance, for all time from the earth. We recognize and acknowledge that all peoples have the right to live in peace, free from fear and want.

We hold that no people is responsible to itself alone, but that laws of political morality are universal; and that obedience to such laws is incumbent upon all peoples who would sustain their own sovereignty and justify their sovereign relationship with other peoples.

To these high principles and purposes we, the Japanese People, pledge our national honor, determined will and full resources.

日本国憲法のＧＨＱ草案

だとすれば、これは「戦勝国は占領地域の現行の法律を尊重する」と定めた「ハーグ陸戦協定」に抵触することにもなります。GHQ案が政府に渡される際には、「この案を通さなければ天皇の身体は保障できない」と脅されたとも言われています。

しかし、これには二つの面からの反論もあります。一つは、**国会を通じて憲法改正の正規の手続きを踏んでいること。**そうである以上、実態はともかく形式上は自主的に制定したことになるはずです。もう一つは、先の天皇をめぐるGHQの脅しが脅しではなく、本当に切実な問題だったということです。なぜGHQがこれほど性急に憲法改正を求めたかという問題でもありますが、実は連合国の占領政策に関する最高機関である「極東委員会」の発足が間近に迫っていたのです。

先にも述べたとおり、アメリカは天皇の戦争責任を追及しない方針を早々に固めていました。国民が天皇に寄せる敬意を、統治に活かそうと考えたのです。しかし、帝国憲法を据え置くと、天皇の地位も戦前のままということになる。それでは、極東委員会の主要メンバーであるソ連をはじめ、中華民国、オーストラリア、ニュージーランドなどが干渉し、天皇制の廃止や共和制（大統領制）の導入などを主張しかねません。

だからその前に、**新しい憲法の制定を急いで既成事実をつくり、極東委員会の動きを封じ込めようとした**、というわけです。

違和感を抱きつつも戦後日本に定着

帝国憲法と新憲法の違いは多数ありますが、大きくは以下の三つです。

一つ目は**天皇の位置づけ。主権は天皇から国民に移り、天皇は国家の「統治権の総攬者《そうらん》」から「国民統合の象徴」となり、国政に対する権能をいっさい持たないこととされます。**この「象徴」という表現が、実に見事だと思います。国民からの尊敬は失わずに、海外からは政治的に無力な存在というイメージをアピールできます。

二つ目は**基本的人権の尊重。自由権や平等権、社会権はいかなる国家権力によっても「侵すことのできない永久の権利」**とされました。

そして三つ目が**戦争の放棄。交戦権の否認と戦力の不保持を唱えています。**有名な「九条」の規定ですが、その文言については重要なエピソードがあります。

もともと原案では、「①日本国民は、正義と秩序を基調とする国際平和を誠実に希求し、国権の発動たる戦争と、武力による威嚇又は武力の行使は、国際紛争を解決する手段としては、永久にこれを放棄する。②陸海空軍その他の戦力は、これを保持しない。国の交戦権は、これを認めない。」となっていました。

しかし憲法改正小委員会による審議の過程で、委員長だった芦田均《あしだひとし》の提案によって、②の冒頭に「前項の目的を達するため、」という一文が加えられたのです。

これにより、「国際紛争を解決する」という「目的を達するため」以外であれば、戦力を保持することも、交戦権を持つことも可能という解釈が成り立ちます。**つまり自衛権までは放棄していないことになるので、のちに自衛隊を設立する道が開けた**わけです。

いずれにせよ、この日本国憲法の性格は、「前文」によく表れています。まずはその文体。あまり読み慣れない日本語で書かれています。それもそのはずで、GHQの希望により、英文で書かれた原案をできるだけ直訳しようとしたからです。これが、いわゆる「翻訳文体」と呼ばれるものです。いかにGHQの影響力が強かったかがわかるでしょう。

かつて私は、子ども向けに憲法の本を出したことがあります（『声に出して読みたい 小中学生にもわかる日本国憲法』岩崎書店）。その際にあらためて前文を読み返したのですが、日本語としてかなり複雑だなという印象を持ちました。一文が非常に長く、しかも「これ」「その」が頻発している。それぞれ何を指しているのか、一読するだけではわかりにくいと思います。

内容は理想主義的で、「そうありたい」と思わせるものですが、空想的平和主義とも言える観点で書かれていることが気になります。例えば「平和を愛する諸国民の公正と信義に信頼して」という箇所がありますが、今日の日本の周囲の国々を見渡せばわかるとおり、なかなか信頼できないのが現実でしょう。

実はGHQも日本政府も、一九五一年（昭和二六年）に**サンフランシスコ講和条約**※に調印し、GHQが撤退して日本が独立を果たしたら、憲法を日本人自身によって見直すべきだと考えていたらしい。

ところが周知のとおり、今日まで一度も改正されていません。成立の経緯に多少問題があっても、すっかり日本の風土に定着した感があります。

それは、**原案の段階から、フランスの人権宣言やアメリカの独立宣言など人権に関わる人類の叡智が詰め込まれていたから**でしょう。

そもそも**憲法は他の法律とは違い、国民を縛るのではなく、国家の権力を縛って国民の権利を守るために存在します。**

日本国憲法もその前提で成立し、大きな間違いがない。だから、わざわざ変えようという気運にならないまま、今日に至っているのだと思います。結果的に、いい憲法に仕上がっていたということでしょう。

「教条主義」に陥ってはいけない

先にも述べましたが、中国では一九六六年から約一〇年にわたる文化大革命（文革）で、知識層や資産家をはじめとする多くの国民が粛清されました。犠牲者の数は一〇〇〇万人以上とも言われています（文革については中国共産党は一九八一年に「指導者が間違ってひき起こした内乱」として否定しています）。また一九八九年の天安門事件でも、諸説ありますが数千人から数万人の死傷者が出たとされています。

あるいはスターリン時代のソ連でも、膨大な数の国民が粛清されました。正確な統計はないそうですが、一説によれば七〇〇万人が犠牲になったそうです。昨今でもロシアでは、クリミアを併合したり、また政権に批判的な元政府要人やジャーナリストなどが暗殺されたりして、国際的に物議を醸しています。暗殺といえば、おそらくは二〇一七年二月の金正男《キムジョンナム》氏暗殺も記憶に新しいところです。北朝鮮では、政府幹部がしばしば処刑されたり、餓死者が出たりしているようです。

共通するのは、人権が守られていないということです。為政者の言うことを聞かない者は消す、あるいは恐怖心を植え付けて言うことを聞かせる。

こうした反面教師的事例から私たちが学ぶべきことは、二つあります。

一つは、**日本国憲法がきちんと機能してきたということ。**帝国憲法下でも、さすがに大量粛清するほど人権を侵すことはありませんでしたが、新憲法下でも政府は暴走していません。立場によっては文句がある人もいるでしょうが、全体として見れば、憲法は戦後の政府をよくコントロールしてきたと思います。

そしてもう一つは、**教条主義に陥ってはいけないということ**です。

※サンフランシスコ講和条約　講和会議の終盤、吉田茂首相（日本首席全権）は条約受諾の演説を英語で行う予定だったが、当日朝に日本語に変更。理由は諸説あり、定かではない。急遽チャイナタウンで調達した巻紙をつなぎ合わせて書かれた原稿は、長さ三〇メートルにも及んだという。地元メディアはこれを「トイレットペーパー」と称した。

近隣には人権を軽視する国もある。あまり信頼できない「諸国民」もいるわけです。そういう環境にあって、厳密に「戦力の不保持」にこだわるのは現実的ではありません。あるいは国内では**「非核三原則（核兵器を持たず、作らず、持ち込ませず）」**を堅持していますが、一方で同盟国アメリカが持つ大量の核兵器（いわゆる「核の傘」）に守られていることも事実です。

もしアメリカとの同盟関係を解消し、自衛隊も解散して本当に〝丸腰〟の国になったとしたら、日本はたちまち存続の危機に直面しかねません。

これまでも、日本国憲法はいい意味で柔軟かつ曖昧に運用されてきたからこそ、力を発揮してきたのだと思います。今後も状況に合わせつつ、大過ない形で運用を続けるのが妥当のような気がします。

日本をつくり変えようとしたＧＨＱ

戦犯の逮捕や東京裁判の運営、憲法改正のみならず、ＧＨＱの占領政策は多岐にわたります。その最大の目的は、**よく言えば日本の軍国主義の排除と民主化、悪く言えば日本の弱体化でした。**

陸海軍の解散はもちろん、軍需産業も廃止。軍需産業を支え、また新興企業の参入と競争を阻害したとして四大財閥（三井・三菱・住友・安田）の持株会社が持つ株式の売却、いわゆる**財閥解体**も命じられます。実は「三井」「三菱」「住友」という商号・商標もすべて廃止するよう命じられましたが、三社の必死の抵抗で辛うじて存続できたそうです。今日では日本を代表する〝財閥系企業〟の名称として当たり前のように使われていますが、それは当時のビジネスパーソンの意地と努力の賜物なのです。

あるいは地主の持つ農地の大半を安く買い上げ、小作人に売り渡す**農地改革**も主導しました。これによって農村は貧しさから解放されましたが、経営規模が小さくなった分、非効率・低生産性という問題も生み出しました。特に昨今では、小規模ゆえに働き手不足、国際競争力不足といった問題も抱えています。農政改革が政府にとって長年の懸案事項であることは、周知のとおりです。

また教育改革も実施され、**小学校六年間、中学校三年間、高等学校三年間、大学四年間という今日の教育制度が導入されました。**一方でエリート養成機関だった**旧制高校・旧制大学は廃止**されます。**教育勅語の廃止**も改革の一環でした。

戦争犯罪者・戦争協力者と見なした者を公務に就かせない公職追放も、この時期の政策です。追放された人は二一万人以上。また**改正衆議院議員選挙法（のちの公職選挙法）**により、選挙権は「二五歳以上の男子」から「二〇歳以上の男女」に変わります。初めて女性に選挙権が与えられたわけです。「労働組合法」の制定により、労働組合の結成なども可能になりました。

ＧＨＱによる言論統制があった

こうしたＧＨＱの取り組みは、日本を根本からつくり替える勢いだったと言えるかもしれません。

それも上記のような制度面に留まらず、精神面でも日本人にある種の〝思想〟を植え付けようとしたとの見方があります。

例えば、「War Guilt Information Program（WGIP）」というものが存在していました。直訳すれば「戦争犯罪情報計画」。GHQの内部機関が作成した文書にこの記述があります。**日本人に対し、先の戦争の責任がすべて日本の軍部にあったと知らしめようという計画**で、GHQは占領政策の一環として、メディア等に対して徹底的な検閲を行っていました。具体的には、アメリカやGHQに対する批判、東京裁判への批判、戦争犯罪者の擁護など三〇項目に及ぶ検閲対象（プレスコード）を設定し、違反した場合には発行禁止などの厳しい措置をとっていたのです。また私信の手紙まで開封して検閲し、闇市の取り締まりに利用したり、日本人の思想や対米感情などを調べたりしていたそうです。

以上は日本人の言動を検閲するという〝受け身〟の姿勢ですが、WGIPは、もう一歩踏み込んだ、GHQによる宣伝活動でした。例えば一九四五年（昭和二〇年）一二月から、新聞各紙ではGHQの提供する「太平洋戦争史」という記事の連載が始まります。そこに描かれているのは、日本の軍部がいかに国民を欺いて暴走し、各地で残虐な行為を働いたか。裏を返せば、米軍による都市部への空襲や原爆の正当化でもあります。

ちなみに、この連載を機に「大東亜戦争」という呼称は「八紘一宇」などとともに禁止され、「太平洋戦争」に置き換えられます。国家神道や軍国主義を連想させる、というのがその理由です。

この記事は後に書籍化され、中学校のテキストとしても使われました。また、ＮＨＫラジオによってドラマ化され、「真相はかうだ」というタイトルで放送されています。日本人の太平洋戦争観や歴史認識に大きな影響を及ぼしたことは、間違いないでしょう。

この問題にいち早く着目したのが、保守系の言論人として活躍した江藤淳です。ＧＨＱによる検閲の実態を執拗に追った著書『閉された言語空間』（文春文庫）では、ＷＧＩＰを「戦争についての罪悪感を日本人の心に植えつけるための宣伝計画」と訳し、「太平洋戦争史」については以下のように述べています。

〈そこにはまず、「日本の軍国主義者」と「国民」とを対立させようという意図が潜められ、この対立を仮構することによって、実際には日本と連合国、特に日本と米国とのあいだの戦いであった大戦を、現実には存在しなかった「軍国主義者」と「国民」とのあいだの戦いにすり替えようとする底意が秘められている。〉

江藤の懸念は、この思想が終戦当時の国民のみならず、その後の世代にまで受け継がれることにありました。同書が初めて刊行されたのは一九八九年（平成元年）ですが、そのころも「先の戦争は日本が一方的に悪かった」という言論が多かったらしく、以下のように指摘しています。

〈これは一つには戦後日本の歴史記述の大部分が、『太平洋戦争史』で規定されたパラダイムを、依然として墨守しつづけているためであり、さらにはそのような歴史記述をテクストとして教育された戦後生れの世代が、次第に社会の中堅を占めつつあるためである。

つまり、正確にいえば、彼らは、正当な史料批判にもとづく歴史記述によって教育されるかわりに、知らず知らずのうちに「ウォー・ギルド・インフォメーション・プログラム」の宣伝によって、間接的に洗脳されてしまった世代というほかない。教育と言論を適確に掌握して置けば、占領権力は、占領の終了後もときには幾世代にもわたって、効果的な影響力を被占領国に及ぼし得る。〉

そう言われてみれば、誰しも心当たりがあるでしょう。例えば広島の原爆死没者慰霊碑には、「安らかに眠って下さい　過ちは繰返しませぬから」と刻まれています。ここに主語はありませんが、日本人による日本の過去への戒めとして受け止める人もいるでしょう。

しかし、戦争全体を見た場合はともかくとしても、原爆については、少なくとも爆弾を落としたのはアメリカであり、核兵器を持たない日本は原爆を落とすという「過ち」を犯しようがありません。

マッカーサーが発禁にした「日本人論」

GHQの占領政策のみならず、戦前のアメリカによる対日政策にまでアメリカ人の視点で批判的に言及した興味深い本もあります。『アメリカの鏡・日本（完全版）』（ヘレン・ミアーズ著、角川ソフィア文庫）です。

著者のヘレン・ミアーズは、戦前に日本に在住したこともある日本専門家で、戦後はGHQの諮問機関のメンバーの一人として来日し、労働組合法などの策定に携わっています。その後、帰国して一九四八年にこの本を書き上げるわけですが、マッカーサーは占領が終了するまでその日本語訳の出版を禁じます。それほど、**アメリカやGHQにとって不都合な内容だった**ということです。

では、何が書かれているのか。まず占領政策については、「日本国民と文明の抑圧」であると説いています。

〈この計画は戦争の合法的行為、すなわち賠償行為の常識をはるかに超えた、圧倒的スケールの「懲罰」と「拘束」である。これが、もし計画どおりに実行されれば、私たちの意図とは関係なく、日本の伝統文明は破壊され、国民はアメリカの下僕となり、人口は減少するだろう。〉

この背景にあるのが、戦時中のプロパガンダです。真珠湾攻撃などを引き合いに出し、日本人を「世界征服を目論む野蛮で卑劣な民族」と決めつけ、アメリカ国民に恐怖の感情を「異常に誇張」して植え付けた。当時のアメリカの新聞は、「史上稀に見る巨大帝国の出現」などと書き立てたそうです。だから拘束しなければ安心できない、という理屈になるわけです。

しかし、日本をよく知る著者は、史実を検証して反論を試みます。例えば満州事変について、「日本は法的問題には非常な注意を払った」としています。当時、アジアに進出していた西欧列強は、それぞれの地域で法と秩序を維持する責任を負っていました。それがアジアの安定に寄与していたのです。日本もそれを見習い、あるいは列強の一角であるとの自負から、むしろ国際貢献の一環として満州の軍閥と共産主義勢力を一掃した、というわけです。

それも満州を併合するのではなく、独立国家とした上でイギリスを見習って王政を敷き、同国の要請を受けて日本が軍隊を派遣する、という手続きを踏んでいます。「これ以上『合法的』なことはない」とミアーズは強調しています。

ところが前章で述べたとおり、リットン調査団の報告書に基づき、国際連盟はこれを否定。日本は国際連盟を脱退して孤立化の道を歩むことになります。

〈日本がリットン報告にびっくりしたのは当然である。報告は日本の誇りを傷つけただけでなく、アジアの大国としての地位を根底から脅かすものだった。心理的衝撃は、日本は西側先進国ではないとされたことである。日本は五大国の高い席から、アジアの後進民族と同じ地位に引きずり下ろされたのである。〉

要するに、日本を侵略国家として一方的に叩くのはおかしい、日本が侵略国なら西欧列強も侵略国ではないのか、というスタンスです。

そもそも「世界征服」など日本の国力では不可能だし、日本の為政者も軍人もそんなことは考えていなかった。それなのに、アメリカは自身に都合のいいように喧伝して日本を一方的に悪者に仕立上げ、強引な占領政策をとっている。ミアーズはそういうアメリカの姿勢を批判しているのです。

日本に対するさまざまな分析があった

『アメリカの鏡・日本』の刊行より少し前の一九四六年、アメリカの文化人類学者ルース・ベネディクトによる有名な『菊と刀』が刊行されています。やはり日本社会を分析した本として定評がありますが、ベネディクト自身は来日したことがありません。

日本を訪れることもなしで、よくこれほど分析できたと感心するところもある一方、やや日本に対する理解が足りないと感じる部分もあります。例えば、キリスト教国を「罪の文化」としているのに対し、日本を**「恥の文化」**としています。だから前者は善悪の判断基準が明確ですが、後者は対人関係しだい、つまり善悪の判断基準がゆるい、と説いているのです。

日本人として、これに違和感を覚える人は多いでしょう。たしかに人目を気にする傾向は強いですが、一方で儒教の文化も社会に定着していました。人目はなくても「天」がどう見るかを気にしたり、仁義や礼節を重んじたりするところもあります。だから有史以来、比較的平和な社会を築いてくることができたわけです。むしろ善悪の見境なく世界中を侵略してきたのは、キリスト教国のほうだと史実的には言えます。

一方、『アメリカの鏡・日本』は、アメリカ建国の歴史と対比しながら、日本の歴史も太古から丹念に振り返っています。日本人を内側から理解しようと努めているのです。その上で、日本はアメリカと違って長い伝統や文化を持ち、「総じて安定した非侵略的な独自の文明をつくってきた」と評して、さらに以下のように続けます。

〈私たちは日本国民を生来の軍国主義者として非難し、その前提の上に戦後計画を立てている。しかし、日本国民を生来野蛮で好戦的であるとする証拠は一片もない。なによりも日本国と日本文明の歴史がそれをはっきり否定しているのだ。〉

その分析は、かなり精緻で正鵠《せいこく》を射ています。アメリカ人の目線でこれほど公平で中身の濃い論考があったことに、まずは驚かされます。だからこそ、GHQによる占領政策の本質も見えてくる。マッカーサーが日本語版を「発禁」にしたのも、無理からぬところでしょう。

5章のポイント

≫GHQは占領政策を遂行する上で天皇の存在は不可欠と判断した。それが、天皇が戦争犯罪を問われなかった大きな理由の一つ。

≫戦後激化した米ソの対立により、アジアで泥沼の〝代理戦争〟が繰り広げられた。

≫日本国憲法は、国会を通じて憲法改正の正規の手続きを踏んだ、形式上は自主的に制定されたものだった。

≫GHQが新憲法制定を急いだのは、帝国憲法を廃することで天皇制廃止を要求しかねない極東委員会の動きを封じ込める意味合いもあった。

≫帝国憲法と日本国憲法の大きな違いは、次の三点。1、天皇の位置付けが国家の「統治権の総攬者」から「国民統合の象徴」となった　2、基本的人権の尊重を定める　3、戦争の放棄をうたう。

≫GHQの主導の下、教育制度や選挙制度の改革、農地改革、財閥解体、軍需産業廃止などさまざまな政策面での改革が実行された。

≫GHQの占領政策の一環として、言論統制があった。

6章

戦後宰相たちの肖像

——吉田茂から田中角栄まで

6章 まとめの年表「戦後宰相たちの肖像」

1949年（昭和24年）	１ドル＝360円の単一為替レート施行
1950年（昭和25年）	朝鮮戦争勃発 POINT **米ソ冷戦の激化** 警察予備隊が新設 POINT **のちの自衛隊創設へとつながる**
1951年（昭和26年）	サンフランシスコ講和会議。講和条約を締結 POINT **不平等な内容ゆえのちの「安保闘争」へとつながる**
1953年（昭和28年）	朝鮮戦争終結。板門店で休戦協定調印
1854年（昭和29年）	吉田茂内閣総辞職
1956年（昭和31年）	「もはや『戦後』ではない」
1960年（昭和35年）	日米相互協力及び安全保障条約（新安保条約）に調印 反安保のデモ隊が国会に突入、樺美智子さん死亡（「60年安保闘争」）。 岸内閣、国会で条約の自然承認を待って退陣
1964年（昭和39年）	東海道新幹線、首都高速道路開通。東京オリンピック開催
1972年（昭和47年）	沖縄返還 田中角栄、首相に就任 日中国交正常化
1973年（昭和48年）	第一次石油ショック
1974年（昭和49年）	田中角栄、首相辞任
1976年（昭和51年）	田中角栄、ロッキード事件により逮捕
1978年（昭和53年）	日中平和友好条約を締結
1985年（昭和60年）	田中派の一人、竹下登が新派閥「創政会」を立ち上げる
1991年（平成３年）	湾岸戦争勃発
1992年（平成４年）	ＰＫＯ法（国際平和協力法）成立
2015年（平成27年）	安全保障関連法が成立。集団的自衛権行使について定める

経済の復興・再建を最優先に

前章で見たとおり、**ＧＨＱの占領政策の目的は民主化と非軍事化にありました。**それればかりか、日本人の歴史認識や精神までつくり変えようとしたのかもしれません。要するに、**二度とアメリカをはじめ世界に歯向かうことがないよう、日本を武力面でも思想面でも〝骨抜き〟にしようとした**わけです。

これらの政策を逆転の発想でプラスとして受けたのが、一九四六年（昭和二一年）五月に首相に就任した吉田茂です。吉田の方針は明確でした。**アメリカに日本の国防を肩代わりしてもらって軍事費の負担を減らし、その間に経済を復興させて再建しようと考えた**のです。だから、ＧＨＱの過酷な要求に対しても、譲るべきは譲るという姿勢だったわけです。

例えば東京裁判に対しても、吉田はきわめて冷静でした。勝者が敗者を裁くということ、それも「平和に対する罪」という事後法によって政府や軍の中心メンバーが裁かれること、一方で無差別の空襲や原爆投下についてはいっさい裁かれないこと等、当時から存在意義を問われた裁判です。為政者として、いろいろ思うところはあったはずです。

しかし吉田は、これに対して特に語っていません。連合国の力によって軍国主義のイメージを早々に一掃するとともに、主導するアメリカとの間に余計な波風を立てたくないという配慮が感じられます。

敗戦国の日本は、好むと好まざるとにかかわらず、アメリカと協調して支援を仰がなければ立ち行きません。もともと食糧資源もエネルギー資源も乏しいので、貿易で生きていくしかないのですが、当時の最大の貿易先といえばやはり経済大国アメリカです。そういう諸判断から、東京裁判へのこだわりを捨てたのでしょう。

「対米協調」だけではなかった吉田茂

ただし、すべてを唯々諾々と受け入れていたわけではありません。マッカーサーに対し、書簡を通じて牽制したり抗議したり要望を出したり、必死の抵抗を試みていたのです。『吉田茂＝マッカーサー往復書簡集』（袖井林二郎編訳、講談社学術文庫）から、その生々しいやりとりを伺い知ることができます。

例えば終戦からちょうど一年後の一九四六年（昭和二一年）八月一五日、終戦時の首相だった鈴木貫太郎が、新聞に以下のような談話を寄せます。

〈負けた以上は男らしくすべてを相手側にまかせる外はない。（略）いったん敵の軍門に降った以上、これを味方と同じく保護することは武人として正しい行動である。陛下の当時の御心中も全く自分と同じであらせられた。いまとなって敵将を信ずるという自分の信念が全く正しかったことを知り……終戦の時あのように国家の舵をとったことは、決して日本を不幸にはしなかったことを、事実として知り、自分は非常に嬉しく思っている〉

同日、吉田はこれを英訳するとともに、以下のように書き添えてマッカーサーに送っています。

〈この話の最後に申されていることに、私は全く同感であります。あの重大な決定が下された時の鈴木男爵の態度と心情は、陛下の御態度や御信条と等しいだけでなく、日本中の庶民で確かな表現はできなくとも正しい考えを持つ大多数の人々の態度や心情と同じであると確信致します。〉

吉田茂肖像

国民の総意としての感謝を伝えながら、マッカーサーとGHQに「武人として正しい行動」を要求している。「信頼しているのだから、それを裏切らないように」とプレッシャーをかけているわけです。

これに対し、マッカーサーは以下の返信を吉田に送っています。

〈降伏の際に鈴木男爵が経験した感動的出来事の個人的回想を送って下さったことに感謝申し上げる。
私は貴下の御配慮を有難く思い、貴下と男爵が表明された好意に感謝の意を表するものである。〉

一見すると素っ気ない返信ですが、マッカーサーはこの吉田の書簡を気に入り、後に記す回想録でも全文を引用しているそうです。

こうした書簡のやりとりは、短命の片山哲《てつ》内閣、芦田均《あしだひとし》内閣の一時期を除き、マッカーサーが解任されて帰国する一九五一年（昭和二六年）四月まで続きます。占領政策における制度設計や内閣の人事、公職追放の範囲などきわめて具体的な政策課題について、吉田は率直に意見をぶつけ、翻意を促し、抵抗していたのです。

同書の「あとがき」を、袖井さんは以下のように締めくくっています。

〈数多くの書簡から浮かび上がるのは、マッカーサーという虎の威を借りて党内の反対派をあやつりながら、他方では改革を渋って占領軍に懇願する吉田の狡猾さ、したたかさである。それに加えて、不本意な交渉の数々については秘して語られなかったのだということを、特筆しておかなければならない。〉

戦後すぐの長期政権を担った吉田だけに、ひたすら対米協調路線を進んだように思われがちですが、必ずしもそうではなかった。**アメリカの言いなりどころか、実は古い日本を守ろうとした保守的な人物でもあった**わけです。

政治家の功罪というものは、国民にはリアルタイムではなかなかわかりません。しかし五〇年、一〇〇年と経過すれば、その政策や姿勢の是非が見えてくるものです。在任中は批判を浴びながらも、実は日本の将来のために大きな足跡を残す政治家もいれば、逆の政治家もいます。

その点、すでに六〇年以上を経過した今日から吉田政権を振り返ってみると、功績のほうが大きかった気がします。吉田の思い描いたとおり、**日本は防衛をアメリカに依存しながら、守るべきものは守って急速な経済成長につなげました。**ＧＤＰで世界第二位にまで上りつめると予想したかどうかはわかりませんが、吉田はその礎を築いた一人でしょう。

「占領軍がアメリカで良かった」

吉田は、晩年に「占領軍の中心がアメリカで良かった」とも語っています。前出の吉田の回想録『日本を決定した百年』に、以下の記述があります。

〈そうした峻厳な占領政策は日本に対して一種の反米思想を生ぜしめたことも事実である。しかしながら占領政策全体を通じて考えれば米国なればこそこの程度で日本の占領もすんだのだというべきである。米国政府は一方において峻厳な政策をとり、他方においてはよく日本国民を飢餓から救い、日本経済の再建を援助してくれた。その結果は戦後十年にして敗戦より今日の復興を見るに至ったのである。過去の何れの歴史よりしても、戦勝国がその敵国を壊滅せしめなかったのみならず、国民を飢餓より救い進んでその復興再建をかくまで助力援助せし国が果してあっただろうか。米国なればこそである。〉

この数行には、吉田の実感がこもっている気がします。また「もしイギリスが占領軍の主力ならこうはならず、ソ連が主力なら敗戦をいっそう悲惨なものにしただろう」といった趣旨のことも述べています。このあたりは、私たちもイメージとしてわかるでしょう。

実際、戦後の食糧難の中で、多くの国民が空腹を抱えながらも飢餓にまで至らなかったのは、アメリカからの食糧の供給があったからです。その名残を留めるのが、学校給食。今日ではメニューもバラエティ豊かになったようですが、少し前まで主食はパンが定番でした。米食中心だった日本人の食生活が、なぜ学校給食だけパンなのか。

戦後、学校給食が都市部で再開されたのは、一九四七年（昭和二二年）一月から。これを実現できたのは、アメリカから小麦の大量提供があったからです。アメリカにとっては、大量在庫の処分先として日本を選んだという事情もあります。またパン食の習慣を子どものころからつけさせることで、日本人の食生活を変え、将来の食料品・農産物の一大消費マーケットに育てようという意図もあったようです。

しかしいずれにせよ、この供給によって多くの日本の子どもが救われたことは事実です。またアメリカの意図はともかく、今や世界中から高級食材や一流シェフが集い、和・洋・中を問わず世界有数の〝グルメ大国〟にまで成長しました。その原点の一つには、アメリカによる食糧政策があったともいえるでしょう。

さらに防衛についても、吉田は「一国の独立をその国民自らによって守るということは当然であり、望ましいことであるが、自由国家群が助け合って相互に保護することは、国辱とか、国民の名誉とかいう以外の問題である」とした上で、以下のように述べています。

〈わが国の国防を米軍がその一部を負担するということは米国の好意である以上に、両国のためであり、世界平和維持のためである。これに対して国民は感謝こそすれ、その好意を無視したり、反感をいだくが如きは狭小な愛国心の発露であり、大国民の気持から遠いといわざるを得ない。このいわば小国民根性をすてざる以上、わが国は再び世界の強国の班に列することを得ないであろう。〉

つまり、独立国家だからといって一国だけで守ろうとする必要はない、自由主義国家群どうし相互に助け合うのが国際社会であるということです。現実を見るとこの見立てには説得力があります。

「単独講和」か「全面講和」か

その吉田にとって最大の政治決断といえば、一九五一年（昭和二六年）九月のサンフランシスコ講和会議における「講和条約」の締結でしょう。

講和条約の中身は、**「日本と連合国との戦争状態の終結」「日本の主権回復」「領土の確定（朝鮮の独立、台湾などの放棄、琉球諸島・小笠原諸島などのアメリカ統治）」「連合国による賠償請求権の放棄」**など。

この締結によって、日本はようやく占領下から解放され、独立国家として歩み始めたのです。サンフランシスコで開かれたことからもわかるように、これもアメリカの主導によるものです。

ただし、すべての連合国と一括で調印できたわけではありません。ソ連は調印を拒否、インド・ビルマ（現・ミャンマー）は会議に参加せず、中国・中華民国は米英と意見が合わずに招聘すらされませんでした。結局、会議に参加した日本を含む五二ヵ国中、四八ヵ国と締結することになります。これを「単独講和」、または西側諸国のみとの締結であることから「片面講和」と呼ぶこともあります。

日本国内には、ソ連を含むすべての連合国と締結する「全面講和」を主張する声もありました。

その論陣の代表格となったのが、東大総長だった**南原繁**《なんばらしげる》※をはじめ、**丸山眞男**《まるやままさお》※や**大内兵衛**《おおうちひょうえ》※、**清水幾太郎**《しみずいくたろう》※といった知識人の一群です。東西冷戦が始まろうとしていた当時、片側に与《くみ》することは米軍の駐留を認めることであり、真の独立とは言えない。冷戦に加わらないよう、全面講和で永世中立の道を目指せというわけです。

これに対し、吉田は南原を「曲学阿世《きょくがくあせい》の徒」と名指しで非難。「学を曲げて世に阿《おもね》る」、つまり世間に迎合しているだけと言いたかったのでしょう。結局、全面講和論には一顧だにしませんでした。

現実を振り返れば、やはり吉田の判断は正しかったと思います。たしかに理想は全面講和でしょうが、冷戦構造の中、それはすでに不可能な状況でした。無理に全面講和のタイミングを待っていたとしたら、日本はその間ずっと占領下のままでした。それは国民が望まなかったはずです。

ちなみに、このとき締結できなかった**中華民国・インドとは、翌一九五二年（昭和二七年）に個別に平和条約を締結**、また**中国とも一九七八年（昭和五三年）に日中平和友好条約の締結**にこぎ着けています。しかしロシアとの間には、未だに平和条約は存在しません。

また「単独講和」を締結した同日、吉田は**アメリカとの間で日米安全保障条約も締結**します。これ

※**南原繁**　一八八九～一九七四年、政治学者。終戦直後より東京大学総長。現実を踏まえた上で理想を掲げることを信条とした。「全面講和」の主張もその一環。
※**丸山眞男**　一九一四～九六年、政治学者、思想史家。一九五〇年より東京大学法学部教授。戦後民主主義の論壇の一翼を担う。著書『日本の思想』（岩波新書）は今なお読み継がれるロングセラー。
※**大内兵衛**　一八八八～一九八〇年、マルクス経済学者。専攻は財政学。戦後、吉田茂首相の要請を受けて初代統計委員会委員長に就任し、統計の整備にも貢献。
※**清水幾太郎**　一九〇七～八八年、社会学者。六〇年安保闘争では反対派の思想的支柱となる。一九八〇年には著書『日本よ国家たれ　核の選択』で核武装論を展開し、賛否両論を巻き起こした。

により、米軍は日本国内に駐留し続けることになります。

「朝鮮特需」から「もはや『戦後』ではない」時代へ

日米がこれらの条約締結を急いだ背景には、前年の一九五〇年(昭和二五年)に勃発した朝鮮戦争の影響があります。日本に駐留していた米軍が朝鮮半島へ移動し、日本の防衛が手薄になるという事態を招いたからです。同年には、それを補うために**警察予備隊が新設されました。**これが**のちの陸上自衛隊**です。戦後日本の安全保障体制は、ほぼこの時期に固まったと言えるでしょう。

一方、**朝鮮戦争は日本経済にたいへんな特需ももたらしました。**沖縄から出撃する米軍の要請を受け、主に毛布やテント、軍服などの繊維製品、鋼管や鋼材などを大量生産します。

また一九五二年(昭和二七年)からは、兵器の受注額が繊維製品等を上回るようになりました。太平洋戦争の終結を機に閉鎖されていた軍需工場が、軒並み再始動したのです。アメリカはソ連をはじめとする共産圏との第三次世界大戦を想定し、日本に兵器の生産を急がせたとも言われています。

これにより、一九五〇年から休戦協定が成立する一九五三年(昭和二八年)までの三年間で日本が米軍から直接受注した額は約一一億ドル強。当時の為替は一ドル=三六〇円の固定相場だったので、日本円にすれば約四〇〇〇億円です。一九五三年度の日本の一般会計予算額が約一兆円(五〇年度は約六三〇〇億円)だったので、いかに巨額だったかがわかるでしょう。

ミニ年表 自衛隊を巡る出来事

1945年（昭和20年）	太平洋戦争終結、ＧＨＱの統治が始まる。帝国陸海軍解体。掃海部隊のみ残る
1950年（昭和25年）	朝鮮戦争勃発 警察予備隊発足。 **POINT 日本の再軍備がスタート** 朝鮮戦争に日本の掃海艇を派遣
1952年（昭和27年）	海上保安庁内に海上警備隊が新設 警察予備隊は保安隊に、海上警備隊は警備隊に改組 保安大学校（のちの防衛大学校）設立
1954年（昭和29年）	ＭＳＡ協定（日米相互防衛援助協定など４協定）締結 防衛庁新設、陸・海・空の自衛隊発足
1957年（昭和32年）	岸内閣、防衛二法（自衛隊法、防衛庁設置法）を改正し自衛隊員を増員
1960年（昭和35年）	日米相互協力及び安全保障条約（新安保条約）調印、同年６月成立

ざっと今日の一般会計予算（約一〇〇兆円）で換算すれば、三年間で四〇兆円相当の特需があったわけです。また在日国連軍兵士による消費などの間接特需は、一九五〇年から五五年（昭和三〇年）までで三六億ドルにも達しました。

金銭面だけではありません。朝鮮特需はもう一つ、日本経済にきわめて大きなメリットをもたらしました。**アメリカからの技術移転**です。より短期間で高品質かつ大量の物資を生産するため、日本の各工場はアメリカから最先端のノウハウを学び、生産性や品質管理の向上を図ったのです。これが、その後の技術立国・日本を下支えするわけです。

朝鮮特需は一九五三年で終了しますが、これを〝はずみ車〟として、翌年末から**「神武《じんむ》景気」と呼ばれる好景気が始まります。**初代天皇とされる神武天皇が即位したとき以来と言えるほど、空前の好景気という意味です。**ここからおよそ二〇年にわたり、高度経済成長の時代を迎える**わけです。毎年の実質経済成長率はほぼ一〇％強。昨今の実質経済成長率が一％程度なので、いかに〝高度〟だったかがわかるでしょう。

この背景にあるのが、**財閥解体**です。多くの産業を支配してきた財閥企業が弱体化したため、競争環境が生まれ、新興企業が誕生・成長していったのです。戦後すぐに設立された東京通信工業（現・ソニー）や本田技術研究所（現・ホンダ）などは、その典型でしょう。戦前の新興企業だったトヨタ自動車や松下電器産業（現・パナソニック）なども、再生を果たしました。

また分散していた旧財閥系企業も、好景気の波に乗り、銀行を中心にして株を持ち合い、ふたたびグループを組成していきます。**今日でも日本を代表する企業群の多くは、軒並みこの時期に大きく成長した**わけです。

一九五六年（昭和三一年）、経済企画庁（現・内閣府）による『経済白書』が「結語」に**「もはや『戦後』ではない」**と記し、この年の流行語になりました。

たしかに「もはや○○ではない」という言い方は力強いし、未来への明るい展望を感じさせます。しかし、これは単なるキャッチコピーではありません。このころ、鉱工業や農業の生産額、GNP（国民総生産）などが軒並み戦前の水準を上回ったのです。

また、一般にポジティブな印象で受け止められていますが、『経済白書』ではやや違う文脈で使われています。戦争で大きく落ち込んだ経済が、終戦によって急速に元に戻るのは当たり前。しかもそこには、アメリカの支援があり、朝鮮特需もあった。しかし元に戻った以上、もう回復による経済成長は期待できない。つまり「もはや『戦後』ではない」から、今後は経済の近代化を図って成長を続けなければならない、と戒めているのです。

ただいずれにせよ、当時の国民はこの戒めに旺盛な消費で応えます。**一九五〇年代末には電気冷蔵庫・電気洗濯機・白黒テレビが「三種の神器」と呼ばれ、購買意欲を刺激しました。**評論家の大宅壮一《おおやそういち》がテレビの普及を「一億総白痴化」と揶揄《やゆ》し、やはり流行語になったのもこのころです。

また一九六〇年代半ばになると、**「クーラー（cooler）」「自家用車（car）」「カラーテレビ（color television）」が「新・三種の神器《じんぎ》」または頭文字を取って「3C」と呼ばれるようになります。**

いずれも高価でしたが、一九六四年（昭和三九年）の**東京オリンピックの開催**や、その直前の**東海道新幹線開通**、**首都高速道路開通**などが相まって、世の中全体に「これからも成長は続く（＝収入は増え続ける）」という雰囲気が漂っていました。**この期待感が高度経済成長を支え、成長するから実際に所得が増えて消費が進む、という好循環が実現していた**のです。

各地で吹き荒れた「安保反対」デモ

一方、ちょうど神武景気が始まるころ、政界でも大きな動きがありました。**首相・吉田茂の退陣**です。

発端は一九五三年（昭和二八年）二月、衆議院予算委員会にありました。野党の社会党議員との激しい質疑の中で、「バカヤロー」と呟《つぶや》いたことが問題視され、野党側から提出された内閣不信任案が可決。吉田は衆議院を解散して総選挙に打って出ますが、与党自由党は議席を減らし、過半数を割り込みます。これが**「バカヤロー解散」**と呼ばれる出来事です。

吉田は他党の閣外協力を得ることで、辛うじて第五次吉田内閣を発足させました。ところが翌一九五四年（昭和二九年）一二月、ふたたび内閣不信任案を提出され、またも可決します。これを受けて、吉田は内閣総辞職を選択するのです。

ただし、吉田の撒いた種が、一〇年を経て日本に大混乱をもたらします。日米安保条約の改正に対する国民による反対運動、いわゆる**安保闘争**です。

一九五八年（昭和三三年）九月、当時の**岸信介**首相※は、アメリカと安保条約の改定交渉に入りました。しかしその当初から、野党はもちろん、市民団体、労働団体、「全学連」と呼ばれる学生団体などが全国的に反対運動を展開します。

それでも岸政権は**一九六〇年（昭和三五年）一月にアメリカで調印に漕ぎ着けます**が、国会で承認させるという作業が残ります。このプロセスで、反対運動は最高潮に達します。

同年五月、岸政権が深夜に衆議院本会議を開催して強行採決に踏み切ると、国会は大群衆によるデモで包囲されます。「安保反対」もさることながら、こうした岸政権の強引な手法に「民主主義を守れ」という声が加わった結果です。

もともと岸は戦時中の東条英機内閣の閣僚（商工大臣など）であり、戦後はA級戦犯容疑者として三年以上にわたって勾留され、不起訴処分後もGHQによる「公職追放」の対象になっています。そのマイナスイメージとも相まって、「倒閣運動」「反政府運動」にまで発展したのです。

これに対し、警察・機動隊だけでは対処しきれないと判断した岸政権は、鎮圧を図ろうとします。最終的には自衛隊にも治安維持のための出動を要請しますが、これは防衛庁長官によって拒否されま

※**岸信介**　一八九六～一九八七年、一九五七～六〇年の内閣総理大臣。かねてより「自主憲法論」を唱え、退陣後は「自主憲法制定国民会議（現・新しい憲法をつくる国民会議）」を発足させた。娘婿が安倍晋太郎。

した。

この状態は、激化しながら約一ヵ月にわたって継続します。六月一〇日には、米アイゼンハワー大統領の来日について協議するために来日したハガティ報道官の乗った自動車を、羽田空港付近でデモ隊が取り囲んで立ち往生させるという事件も起きています。このとき、ハガティ報道官は緊急出動した米海兵隊のヘリによって救出されました。いかに収拾のつかない事態だったかがわかるでしょう。

そして六月一五日が、一連の運動のピークでした。デモの参加者は主催者発表で三三万人、警察発表で一三万人。**学生のデモ隊が国会への突入を敢行し、構内で機動隊と衝突する中で、東大の学生だった樺美《かんば》智子さんが圧死するという事件が起きています。**学生側の負傷者は約四〇〇名、機動隊側の負傷者も多数、大勢の逮捕者が出ました。

結局、**安保条約の改定案は同一九日に参議院での審議をしないまま自然承認します。**またアイゼンハワー大統領の来日は中止、岸内閣は混乱の責任をとる形で同二三日に総辞職を表明しました。これを機に、各地のデモ活動は急速に退潮していきます。

「六〇年安保闘争」とは何だったのか

以上が「六〇年安保闘争」の概略ですが、そもそも争点は何だったのか、「安保」に焦点を当てて考えてみたいと思います。

もともと吉田茂が締結した安保条約は「片務条約」、つまり締結国の一方だけが義務を負う条約でした。**日本は米軍に基地を提供する義務を負っていましたが、アメリカは第三国から日本への武力侵攻等に対して「援助を与えることができる」とあるのみ。**日本を援助するもしないもアメリカの都合しだい、というわけです。

岸の主な狙いは、この片務性の解消にありました。米軍に基地を提供する代わりに、日本国内や国内の米軍基地が武力攻撃を受けたり、あるいは「極東」で武力紛争があったりした場合には、日米両国が共同で対処すると新たに定めたのです。**日本がより積極的に協力する前提で、米軍が日本を守るという約束を取り付けた**わけです。

これは基本的に、日本にとってけっして悪い話ではないはずです。実際、当時から六〇年近くを経過した今日まで、日本は一度も他国から武力侵攻を受けていません。当たり前のように思われるかもしれませんが、安全保障が機能している証拠でしょう。

ですからこれは、むしろ日本にとって都合のいい改定ともいえます。米軍は日本を守ることになっていますが、自衛隊にアメリカを守る義務はない。憲法九条によって戦争を放棄しているし、そのための戦力も持たないことになっているからです。こういう条件を、アメリカは受け入れたのです。ソ連・中国という共産圏の動きを牽制する上で、地理的に在日米軍基地は欠かせなかったのでしょう。

実は岸自身、アメリカとの改定交渉で、この部分がもっともたいへんな問題だったと述べています。後年、政治学者の原彬久《よしひさ》さんによる長いインタビューをまとめた『岸信介証言録』(原彬久編、中公文庫）で、岸は以下のように述べています。

〈何と言っても一番は、アメリカが本当に日本を守るという義務を負うてくれるのかどうかという問題ですよ。つまりアメリカが若い者たちの血を流してでも、日本の国民を守るかどうかということだよ。〉

こういう条件をアメリカに呑ませたのですから、たいへんな交渉だったことでしょう。政治家というのは、やはりタフな仕事だなという感じがします。

ではなぜ、大規模な反対運動に発展したのか。ポイントになるキーワードは、「極東」と「共同」です。**もし中国・台湾間や朝鮮半島で有事が発生し、米軍が出動する場合、自衛隊も「共同」で出動する可能性がある。それは憲法九条の精神に反するし、なし崩し的に再軍備への道を歩む懸念もある、**というわけです。

そしてもう一つ、反対運動の中核が左翼の学生運動だったことも大きな要因でしょう。彼らの精神的支柱となったのが左翼系の「進歩的知識人」であり、その背景には共産党があります。**「アメリカ帝国主義と手を結ぶことは許せない」**というロジックが浸透していたわけです。

しかし、どれほど国内が騒然としようとも、岸の条約改定への意欲はまったく変わらなかったようです。『岸信介証言録』で、岸は以下のように述べています。

〈新安保条約を完全に成立せしめることが自分の使命であって、それさえ達成すれば、後はいろいろやる人がいるわけだからね。ただしかし、安保条約を有効に成立せしめるのは、日本で俺一人しかいないんだと、殺されようが何されようが、これをやることが日本のために絶対必要であると思っていました。〉

では、国会周辺で連日繰り広げられるデモをどう捉えていたのか。岸によれば、「ごく限られた地域と人々によって行なわれているもの」と見ていたそうです。

〈だから、私はあのときにいったんです。国会の周りは、あれだけをみると、いかにも日本にクーデターか革命が起こるようにみえるだろうけれども、三キロほど隔たった後楽園では当たり前に野球が行なわれて、何万という観衆がそれを観ている。二キロ隔てた銀座では、若い者がちっとも平生とは違わないナニで、そぞろ歩きをしているじゃないか。結局、声なき声は私を支持しているんだと。つまり、一部のつくられた声だけが反対しているんだ、というのが私の認識でした。〉

たしかに、「安保闘争」とは結局、一部の学生や左翼系の文化人やメディアによる拡大化があったのかもしれません。作家の半藤一利さんの著書『昭和史　戦後篇』（平凡社ライブラリー）によれば、当時の月刊「文藝春秋」の記事のタイトルに、「安保」という文言はほとんど見られないとのこと。

また新安保条約が自然成立した直後の「週刊文春」は、「デモは終わった　さあ就職だ」という特集を組んだそうです。

余談ながら、総理大臣とはたいへん孤独な仕事らしい。樺さんの死亡事件を受けてアイゼンハワー大統領の訪日を中止にすると決断したときのことを、岸は前掲書で「眠れなかった」と語り、さらに以下のように述べています。

〈とにかく戦後はね、総理というものは、誰かに相談し誰かの力を借りるということはできないんだ。決断するときには、自分ただ一人だよ。〉

明治時代の伊藤博文なら、例えば日露戦争の開戦について明治天皇に相談し、最終的に背中を押してもらうことで力づけられたはず、とも述べています。

「カネを出すだけでは感謝されない」――日本の国際貢献のあり方

今日もなお、この条約は維持されています。安全保障といえば、私たちはアメリカに期待している状態です。一方で、一九六四年（昭和三九年）から始まったベトナム戦争（広義では一九六〇年から）においても、あるいは二〇〇一年（平成一三年）にアメリカ同時多発テロ事件の報復として始まったアフガニスタン紛争においても、アジア地域の有事ではありますが、米軍から自衛隊の出動を要請されることはありませんでした（ただし後者の場合、海上自衛隊が洋上給油部隊として参加。また国連難民高等弁務官事務所の要請で、アフガン難民救済活動にも参加している）。自衛隊がアメリカの世界戦略に巻き込まれて戦闘に参加するという懸念は、今のところ杞憂で済んでいるわけです。

しかし、今後は自衛隊のあり方や安全保障、国際貢献との関わりについて、いよいよ私たち自身が問われることになりそうです。

大きな議論となったのが、**一九九一年（平成三年）の湾岸戦争**時です。イラクのクウェート侵攻に対し、国連によって「多国籍軍」が組織されましたが、当然ながらそこに自衛隊は加わっていません。代わりに、日本は総額一三〇億ドル（当時の為替レートで約一兆七〇〇〇億円）もの資金を拠出しました。もちろん、国別では最高額です。

ところが、戦争終結後にクウェートが米紙ワシントンポストなどに掲載した「感謝広告」では、多国籍軍への参加国名を並べて謝意を表明したものの、そこに「ＪＡＰＡＮ」は入っていませんでした。参加国リストはアメリカ国防省が提供し、クウェートはそのまま掲載しただけ。一三〇億ドルの大半は米軍が戦費として使い、クウェートにはほとんど渡らなかった等々の事情もあったようですが、この一件が日本に衝撃を与えます。「カネを出すだけでは感謝されない」と痛感させられ、「真の国際貢献とは何か」という議論を引き起こすことになったのです。

翌**一九九二年（平成四年）、国会はＰＫＯ法（国際平和協力法）を成立させます。**これにより、国連が世界各地で行っている平和維持活動に、自衛隊または文民が参加する可能性が生まれました。

それ以降、自衛隊はカンボジア国際平和協力隊への参加をはじめ、モザンビーク、ゴラン高原などに相次いで派遣されています。あるいはソマリア沖に海賊対策として派遣されたり、ルワンダや東ティモールで難民救援活動を行ったり、地震等の大規模災害で救助活動を行ったりもしています。

二〇一五年（平成二七年）九月には、国民的な議論を呼びつつ**「安全保障関連法」が成立しました。**とりわけ大きな争点になったのが、**集団的自衛権**の扱いです。これは一般に「密接な関係にある国が武力攻撃を受けたとき、共同で防衛・反撃する権利」を指します。国連憲章で認められた権利ですが、日本では憲法九条の制約で行使できないとされてきました。

しかし安全保障関連法により、**「日本の存立が脅かされる事態と認定される」ことを条件に、集団的自衛権を行使できることになりました。**例えば公海を航行中の米軍の艦隊が攻撃を受けた場合、米軍の要請を受けて、自衛隊の艦船や航空機などが出撃して迎撃する可能性があるということです。今なお賛否両論ありますが、中国や北朝鮮との緊張的な関係を踏まえ、アメリカとの安全保障の関係をより強化しようということでしょう。

ところが二〇一六年（平成二八年）一一月、アメリカ大統領選挙でドナルド・トランプ候補が勝利すると、日本のメディアは騒然となりました。選挙期間中から多くの過激発言で物議を醸していましたが、「在日米軍の撤退」にも言及していたからです。

もしそうなれば、日本は安全保障の根幹が失われることになります。騒然となるのも当然でしょう。

幸い就任後は、さすがにいろいろ〝学習〟したせいか、「撤退」発言は鳴りをひそめています。それどころか二〇一七年（平成二九年）二月の安倍晋三首相との会談では、中国と領有権をめぐって対立している尖閣諸島についても、安保条約による防衛の適用範囲であると共同声明に明記しました。日本の防衛関係者がどれほど胸をなで下ろしたことか、想像に難くありません。

もっとも、発言に一貫性がないことでもしばしば話題になるトランプ大統領だけに、いつまた前言を撤回しないともかぎりません。日本政府関係者にとっては、まだしばらく戦々恐々の日々が続きそうです。

こんな日々が来ることを予想していたかのように、岸信介は前掲書で以下のようにも述べています。

〈日本自身を防衛するということは、何も軍事的な自衛力増強ということだけではないと思うんですよ。それよりも、むしろ国民的な防衛に関する意識、並びにみずからの力をもってみずからの国を守るというね、独立の精神的基盤を確立することが一番大事なんです。しかしこれが、本当はまだ確立していないと僕は思います。〉

「所得倍増」が難なくクリアできた時代

話を岸内閣の退陣後、一九六〇年（昭和三五年）に戻します。跡を継いだのは、吉田茂の〝弟子〟

だった**池田勇人**《はやと》※です。

もともと大蔵（現・財務）官僚であり、吉田内閣・岸内閣では大蔵大臣や通産（現・経産）大臣を務めるなど、ほぼ一貫して経済畑を歩んできた池田は、宰相としても経済を前面に押し出します。就任時に自身が掲げたモットーは「低姿勢」と「寛容と忍耐」。岸内閣がもたらした強権的なイメージを払拭する狙いもあったのでしょう。

前述のとおり、この時期は高度経済成長の真っ只中です。国民の目を政治や外交から経済に向けさせるには、絶妙のタイミングだったわけです。その意味で池田の登場は、まさに「渡りに船」という感じがします。

その池田政権が就任早々に打ち出したのが、**国民所得倍増計画**。「国民の所得を今後一〇年間で二倍にし、生活水準を西欧並みに引き上げる」という、きわめてポジティブな政策です。今日では考えられませんが、実は当時なら十分に可能でした。単純に考えれば、国民所得が二倍になるということは、経済の規模が二倍になることを意味します。一〇年間でGNP（国民総生産）を二倍にするには、年率平均七・二％の経済成長が一〇年間続く必要があります。しかし当時は、すでに一〇％程度で推移していました。この状態が続けば、目標は軽くクリアできるわけです。

それを後押しするように、池田政権は道路や鉄道といった社会資本の整備を進めたり、貿易自由化（輸入数量制限の撤廃など）を推進したり、科学技術を振興したり、様々な施策を打ち出します。しかし最大の功績は、すでに急上昇中だった経済を「所得倍増」というキャッチコピーで形容して国民に夢を持たせ、「もっとがんばろう！」という気にさせたことでしょう。

実際、この後一〇年間の経済は年率平均一〇・五％の成長を維持し、「所得倍増」の目標は簡単にクリアされたのです。それは、日本が経済大国としての道を歩むきっかけにもなりました。

ちなみに池田といえばもう一つ、吉田内閣の蔵相時代にも歴史に残る〝コピー〟を生み出しています。「貧乏人は麦を食え」です。大臣の発言としては、聞き捨てならないでしょう。

ただし、当人が直接こう言ったわけではありません。国会で米価について問われ、「所得に応じて、所得の少ない人は麦を多く食う、所得の多い人は米を食うというような、経済の原則に沿ったほうへ持っていきたい」と答弁しただけです。戦後の統制経済から早く脱し、自由な価格設定と競争ができる経済にしたい、という意味だったのでしょう。ところが、これが新聞によって「貧乏人は〜」と書き換えられ、野党の恰好の攻撃対象となったのです。「低姿勢」「寛容と忍耐」のモットーは、このころから肝に銘じていたのかもしれません。

※池田勇人　一八九九〜一九六五年、大蔵官僚出身の内閣総理大臣。高度経済成長の旗振り役を務め、経済大国日本の礎を築いた。

「沖縄返還」にまつわる二つの〝密約〟

池田は「国民所得倍増計画」の行く末を見届けないまま、退陣します。がんが進行して療養を余儀なくされ、一九六四年（昭和三九年）一〇月の東京オリンピック閉会式を待って政界からの引退を表明したのです。

その池田が後継に指名したのが、同じく吉田茂の〝弟子〟であり、岸信介の実弟でもある**佐藤栄作**※です。在任期間は歴代首相の中でもっとも長く（二〇一七年現在）、八年弱に及びます。その時期はちょうど私の子ども時代に当たり、総理大臣といえば永久に佐藤が務めるものと思い込んでいました。一九七二年（昭和四七年）に田中角栄首相が誕生した際には、「交代することもあるのか」と驚いた覚えがあります。

佐藤政権の最大の功績といえば、やはり**一九七二年の「沖縄返還」**でしょう。太平洋戦争の沖縄戦で米軍に占領されて以来、沖縄は日本から切り離され、戦後はアメリカを施政権者とする国連の信託統治下に入ります。これに対し、佐藤は就任一年目（一九六五年）の夏に沖縄を訪問して「沖縄の祖国復帰がなければ、日本の戦後は終わらない」と表明。政権として返還に取り組む意欲を見せます。

ただし、アメリカにとって沖縄は当時も今も極東の重要な軍事拠点です。ロシア（ソ連）や中国、北朝鮮、それに東南アジア各国にも睨みをきかせることができるからです。実際、朝鮮戦争でもベトナム戦争でも、沖縄は出撃基地となりました。したがってアメリカとしては、**沖縄の主権を日本に返**

すこと自体はやぶさかではないとしても、基地の機能を落とさずに存続させることが絶対条件でした。

そこで大きな問題となったのが、核兵器の存在です。返還前の沖縄基地には、核兵器が配備されていました。返還後もそのままだとすると、日本国内に核兵器が置かれることになる。それは攻撃対象になりやすいという意味で危険だし、世界で唯一の被爆国の国民感情としても受け入れにくい。この問題をどうクリアするかが、佐藤政権に突きつけられたのです。

これに対して、佐藤は**「核兵器を持たず、作らず、持ち込ませず」**とする**非核三原則**を打ち出し、最終的にはそれを返還後の沖縄にも適用するという方針を示します。その前提でアメリカのニクソン大統領と交渉に臨み、一九六九年（昭和四四年）に合意に至りました。かくして一九七二年（昭和四七年）五月、沖縄は日本に復帰し、「沖縄県」となるのです。

ただし、交渉はきれいに収まったわけではありません。当時から日米間の〝密約〟の存在が取り沙汰されていました。まず返還にともない、アメリカ側が沖縄の地権者に原状回復費として支払うことになっていた約四〇〇〇万ドルを、実は日本政府が用立てていたのです。政府は否定し続けていますが、二〇〇〇年以降、秘密指定が解かれたアメリカ公文書の中に〝密約〟を裏付ける資料が見つかっているそうです。

※**佐藤栄作**　一九〇一～七五年、政治家。内閣総理大臣時、「人事の佐藤」と呼ばれるほど巧みな組閣等で長期政権を維持。しかし新聞記者とは対立し続け、退陣表明会見も無人の中で行われた。

そしてもう一つ、懸案だった核兵器についても、「有事の際には事前協議を経て沖縄に持ち込める」とする〝密約〟が存在していたらしい。その事実を明らかにしたのが、佐藤の密使としてキッシンジャー大統領補佐官などと接触していた若泉敬氏の著書『他策ナカリシヲ信ゼムト欲ス』（文藝春秋）だけに、真実味があります。是非はともかく、より早期の沖縄返還を最優先し、現実的な妥協点を模索した結果でしょう。返還を見届けた直後の一九七二年七月、佐藤内閣は総辞職して長期政権に終止符を打ちました。

ちなみに佐藤は、「非核三原則」の提唱などを理由に、一九七四年（昭和四九年）にノーベル平和賞を受賞しています。しかし一方で、日本の核武装を極秘に検討した時期があったことも明らかになっています。

「トゲの多い門松」をくぐってきた男

〈私が田中角栄だ。小学校高等科卒である。諸君は日本中の秀才であり、財政金融の専門家揃いだ。私は素人だが、トゲの多い門松をくぐってきて、いささか仕事のコツを知っている。大臣室はいつも開けてある。上司の許可を得なくてもいいから、いつでも大臣室にきてくれ〉〈できることはやる。できないことはやらない。しかし、全ての責任は、この田中角栄が負う。以上〉（『田中角栄　その巨善と巨悪』水木楊著、文春文庫）

これは、池田内閣で大蔵大臣に就任した**田中角栄**※が、大蔵官僚の前で行った就任挨拶です。相手を立てつつ、しかし立場は自分が上であることをしっかりアピールする見事なスピーチだと思います。しかも、史上最年少の四四歳での就任でした。学歴や派閥の重鎮に頼ることなく、実力だけで政界を駆け上った角栄ですが、こうした言葉からもその片鱗を感じることができるでしょう。

その角栄が総理大臣にまで上りつめたのは、一九七二年（昭和四七年）七月のこと。実は前任の佐藤栄作は、後継として福田赳夫《たけお》を考えていました。しかし角栄は自らの派閥を旗揚げするや、他派閥とも連携し、ついでに大量のカネをばら撒いて自民党内の支持を固めていったのです。

角栄といえば**「日本列島改造論」**が有名でしょう。高速道路網や新幹線網を全国に拡大し、地方の工業化・近代化を促進して地方の過疎と都会の過密を解消しようというものです。しかし、これは地方の地価上昇を招き、激しいインフレを引き起こします。その沈静化のために、やがて角栄はライバルの福田を蔵相に起用し、「列島改造」の金看板を下ろさざるを得なくなります。

それよりも特筆すべき最大の功績は、**日中国交正常化**でしょう。首相就任からわずか二ヵ月後に訪中して**周恩来**※首相や毛沢東国家主席と会談し、関係改善に向けた共同声明を発表したのです。

もっとも、角栄が独断で動いたわけではありません。発端はその一年前の一九七一年（昭和四六

※田中角栄　一九一八～九三年、新潟県出身の政治家。高等小学校卒の異色の内閣総理大臣。抜群の記憶力と判断力、そして実行力を持ち、「コンピューター付きブルドーザー」と呼ばれた。

年）七月、アメリカのニクソン大統領が、いきなり中国との関係改善を図ると発表したことにあります。泥沼化していたベトナム戦争からの撤退を模索していたアメリカは、中国と手を結ぶことで、敵対する北ベトナムを支援するソ連にプレッシャーをかけることができると考えたのです。

この発表に世界でもっとも驚かされたのが、日本でした。それまでアメリカは、中国を国家として承認せず、中華民国（台湾）だけを認めてきました。同盟国として、日本の外交姿勢も同じです。

ところが、そのアメリカが中国の存在を認め、日本の頭越しに国交正常化に向けて動き出すとなると、日本だけが取り残されることになる。しかも同盟国であるはずのアメリカから、このことについて直前まで日本に連絡はありませんでした。これらの衝撃をひっくるめて**「ニクソン・ショック」**と呼ばれています。

「尖閣問題」の原因は角栄のひと言にあり？

この状況に対応するには、日本も早急に中国との関係改善を図る必要がある。だから角栄は、政権発足早々に、盟友の大平正芳外相とともに訪中の段取りを整えたのです。

ただし、米中交渉と日中交渉には大きな違いがありました。米中が太平洋戦争における戦勝国どうしであるのに対し、日中は敗戦国と戦勝国の関係であるということです。中国はサンフランシスコ講和条約にも調印していないので、日中間ではこれが初の戦後処理でもありました。

そこで日本にとって大きな懸案となったのが、中国からの賠償請求です。先の戦争で、中国は最大の被害国でした。一九五〇年代、中国政府はその損害額を「数百億ドル」とも主張しています。国交正常化交渉の過程で同程度の額の支払いを要求されるようなことがあれば、日本国内で物議を醸したことは間違いないでしょう。

ところが、**中国側は事前交渉で早々に賠償請求を放棄します。**「第一次世界大戦後のドイツを教訓とした（敗戦国ドイツは巨額の賠償に苦しみ、ヒトラーの台頭を招いた）」「戦争責任のない現在の日本国民に負担を強いることはできない」等々が、その理由とされています。

当時の中国にとってはソ連が最大の脅威であり、対抗するためにアメリカとも日本とも手を組みたかった。だから日本が渋りそうな条件をあらかじめ取り下げたという見方もあります。もともとは中国との交渉に消極的だった角栄は、その確約を得て、俄然本腰を入れたそうです。

ただし、中国にはどうしても譲れない一線がありました。**日本と台湾が国交を断絶すること**です。「台湾は中国の一部」と主張する中国にとって、日台が一九五二年（昭和二七年）の時点で「日華平和条約」を結んで国交を開いている状態は看過できません。

※周恩来　一八九八～一九七六年、中国の政治家。青年期は日本、フランスに留学。日中戦争時には国共合作（中国国民党と中国共産党の共闘）に尽力。一九四九年の中華人民共和国建国後は、亡くなるまで国務院総理（首相）を務めた。

角栄は、この要求を受け入れます。しかし日本国内には、政界にも財界にも親台湾派が多数いました。彼らが反発したのは当然でしょう。また右翼団体も街宣車を繰り出し、田中政権を激しく非難しました。最晩年だった台湾の蔣介石総統も、角栄に「再考を切望する」との親書を送っています。それでも角栄は方針を変えず、北京へ飛んで首脳会談に臨んだのです。

これにより、一九七二年（昭和四七年）九月末に北京で「日中共同声明」が発表され、国交正常化が実現しました。最後の交渉の過程では、角栄の歓迎会でのスピーチや共同声明の細かい文言をめぐり、かなり激しいやりとりもあったようです。ここでは詳しく触れませんが、二つだけ角栄らしいエピソードを紹介します。

一つは**尖閣諸島について。**角栄と周恩来との会談の終盤、唐突に角栄が「尖閣諸島についてどう思うか？　私のところに、いろいろ言ってくる人がいる」と尋ねたのです。これは日本政府が用意した質問ではなく、角栄のアドリブだったらしい。それに対し、周は「尖閣諸島問題については、今回は話したくない。今、これを話すのはよくない。石油が出るから、これが問題になった。石油が出なければ、台湾も米国も問題にしない」と回答したのです（外務省外交記録より）。

中国がその領有権を主張し始めたのは、ちょうどこのころです。一方、尖閣諸島は日本固有の領土であり領土問題は存在しないというのが日本の立場です。これについて、『日中国交正常化』（中公新書）の著者・服部龍二さんは「外交の常識からするなら、実効支配している領土に関して自国から発議するのは得策ではない。むしろ失策といえる」と述べています。たしかに、尖閣諸島の話を持ち出すことは、そこに問題があると認識していることになります。

しかし周は、そこに深く触れませんでした。それよりも日中共同声明の調印を急いだというのが、服部さんの見立てです。「外交に不慣れな田中は、周に救われたといってよい」とも指摘しています。しかし、尖閣諸島の領有権をめぐる問題は、周知のとおり未だに膠着したままです。その端緒を、角栄のこのやりとりに求める声も少なくありません。

角栄の決断と失脚

そしてもう一つは、帰国後、自民党の両院議員総会で行ったスピーチです。党内では台湾との国交断絶を決めたことへの反発が凄まじく、会場は角栄の姿を見るや怒号が飛び交ったそうです。

しかし角栄は臆することなく登壇し、以下のように述べています。

〈中国は動かすことのできぬ隣国であります。いかに体制が違っていても、日本との関係がどうであっても、隣の大国であります。そのことは永遠に変わらないのです。中国が嫌だからと言って引っ越すわけにはいかない。しかるに、そのような国といさかいがあっても、政府間で話し合えるルートがない。一部の党とか赤十字を通じてしか話し合えないのではどうにもならないではありませんか。中国は大変な人口を抱える大国であります。毛沢東や周恩来が権力を掌握しているいまが

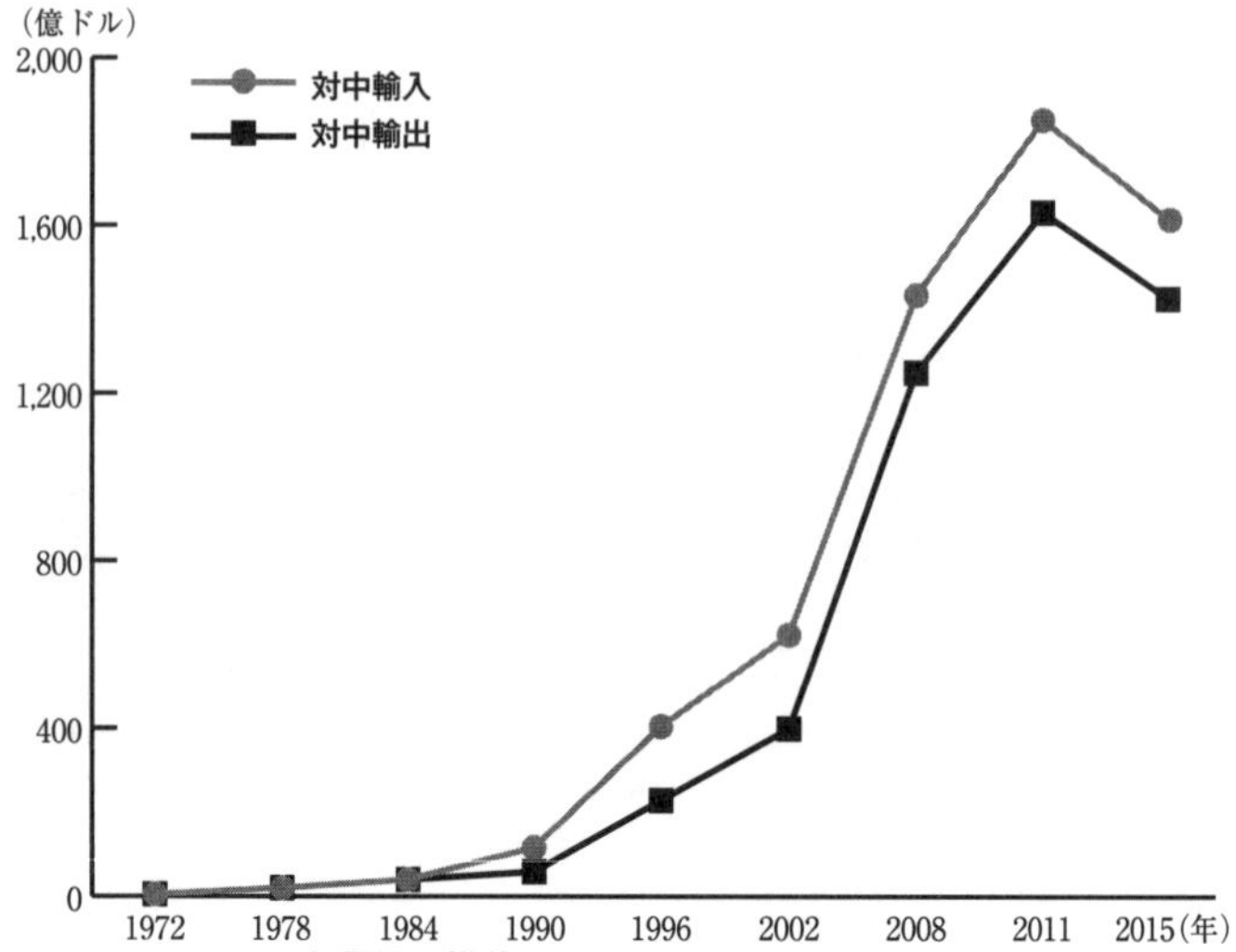

日中貿易の推移（財務省貿易統計を参照し作成）

チャンスなのです。**中国とは良いことでも悪いことでも話し合えるようにする。何でも物を言えるようにする。私は決断して国交正常化に踏み切ったのです**〉（『田中角栄　その巨善と巨悪』水木楊、文春文庫。太字は筆者による）

　こんな話をすると、騒がしかった会場は一斉に静まり返ったそうです。たしかに反論のしようのない、ど真ん中の正論でしょう。さすが演説の上手さに定評のある角栄の、面目躍如という感じがします。

　それから六年後の**一九七八年（昭和五三年）、「日中平和友好条約」が締結されました。**その影響が顕著に表れたのは、間違いなく経済分野でしょう。国交正常化当時の一九七二年（昭和四七年）時点で、日本の対中国貿易は輸出が六億ドル、輸入が五億ドルでした。しかし、ちょうど平和友好条約を締結したところに中国では**改革・開放政策**が始まり、それ以降の貿易量は飛躍的に増加していきます。

例えば一九九一年（平成三年）時点では輸出八六億ドルで輸入一四二億ドル、二〇〇一年（平成一三年）時点では輸出三一一億ドルで輸入五八一億ドル、そして二〇一五年（平成二七年）時点では輸出一四二七億ドルで輸入一六〇六億ドルといった具合です。まさにケタ違いの勢いで増えてきたことがわかるでしょう。二〇〇七年（平成一九年）以降は、アメリカを抜いて日本の最大の貿易相手国にもなっています。もはや日本経済にとって、中国は欠かせない存在なのです。

政治的には、まだ友好的な関係とは言えません。また台湾にたいへんな不義理もしました。しかし結果的に、角栄の決断は間違っていなかったと思います。

ちなみに角栄は、日中共同声明からわずか二年後の一九七四年（昭和四九年）末、金脈問題を追及されて首相を辞任します。そこから一年強を経た一九七六年（昭和五一年）七月には、**ロッキード事件**※の容疑者として逮捕されました。それを機に自民党を離党しますが、それから約九年にわたり、〝闇将軍〟として政界に影響力を行使し続けます。

一九八五年（昭和六〇年）、自民党内最大派閥だった田中派の一人、**竹下登**※が新派閥「創政会」を

※**ロッキード事件**　アメリカの航空機メーカー・ロッキード社が、航空機を売り込むため、日本ならびに各国の政界に多額の贈賄を行っていた事件。一九七六年に発覚し、田中角栄元首相をはじめ複数の政財界人が逮捕された。「戦後最大の疑獄事件」と呼ばれる。

立ち上げました。時を同じくして、角栄は脳梗塞で倒れて影響力を失っていきました。一九九〇年（平成二年）には、完全に政界を引退して療養生活に入ります。世間で話題にのぼることも、すっかり少なくなりました。

なお中国には、「水を飲むとき、井戸を掘った人のことを忘れるな」という諺があるそうです。周恩来は北京で初めて角栄を迎えたとき、この諺を引用して感謝を伝えたと言われています。それが社交辞令やお世辞ではなかったことは、後々に証明されます。一九七八年に「日中平和友好条約」の調印のために来日した鄧小平副総理は、逮捕・保釈後の角栄の私邸をわざわざ訪ね、あらためて感謝の意を伝えました。

さらに一九九二年（平成四年）四月には、療養中の角栄のもとを江沢民総書記が表敬訪問しています。その際の招待に応じ、角栄は同年八月に二〇年ぶりに北京を訪問。中国政府は角栄を、国賓待遇で迎えました。

※竹下登　一九二四〜二〇〇〇年、昭和時代最後、平成時代最初の内閣総理大臣。消費税導入とリクルート事件で支持を失い、内閣総辞職に追い込まれるが、最大派閥の領袖として自民党内で実力を持ち続けた。

6章のポイント

- GHQ占領下、長期政権を担った吉田茂は、必ずしもひたすら対米協調路線を進んだわけではなく、時としてマッカーサーに翻意を促すなど抵抗を試みた。実は古い日本を守ろうとした保守的な人物でもあった。
- サンフランシスコ講和条約の主なポイントは「日本と連合国との戦争状態の終結」「日本の主権回復」「領土の確定（朝鮮の独立、台湾などの放棄、琉球諸島・小笠原諸島などのアメリカ統治）」「連合国による賠償請求の放棄」である。
- 朝鮮戦争は日本に戦争特需やアメリカからの技術移転をもたらし、後の陸上自衛隊となる警察予備隊の新設につながった。
- 朝鮮戦争終結後、ここから二〇年続く好景気が始まる。
- 一九六〇年、日米相互協力及び安全保障条約（新安保条約）調印、反対を押し切って同年六月成立。
- 一九七二年、ようやく沖縄返還が実現するが、今も続く米軍基地問題が残されたほか、返還の裏に日米間で「密約」があり、核兵器持ち込み問題や沖縄の地権者への支払いを日本政府が行っていたことが明らかになるなど、多くの問題をはらんでいる。

田中角栄は金脈問題で政治の表舞台から退いたが、「日本列島改造論」「日中国交正常化」などで戦後日本の政治史に残る政治家だった。

終章

「一致団結」が得意な日本人

——バブルまでの高揚と崩壊後の冷淡

終章 まとめの年表「『一致団結』が得意な日本人」

1937年（昭和12年）	臨時資金調整法制定
1939年（昭和14年）	電力会社が地域ごとに９つの配電会社に再編される
1940年（昭和15年）	銀行等資金運用令制定 大日本産業報国会が組織される
1942年（昭和17年）	食糧管理法制定 金融統制団体令制定
1955年（昭和30年）	自由民主党成立。55年体制始まる
1960年（昭和35年）	池田勇人内閣成立。国民所得倍増計画
1973年（昭和48年）	第一次石油ショック
1974年（昭和49年）	戦後初めてのマイナス成長。高度経済成長の時代、終焉
1979年（昭和54年）	第二次石油ショック
1985年（昭和60年）	プラザ合意
1988年（昭和63年）	国民１人あたりＧＤＰ世界３位に
1993年（平成５年）	細川連立内閣成立。自民党一党優位の55年体制が崩壊
1995年（平成７年）	阪神・淡路大震災。新興 宗教オウム真理教による 地下鉄サリン事件。高速増殖炉もんじゅ（福井県敦賀市）のナトリウム漏れ事故
1997年（平成９年）	金融機関の経営破たん相次ぐ
2008年（平成20年）	世界的な金融危機発生（リーマン・ショック）
2009年（平成21年）	民主党政権発足
2011年（平成23年）	東日本大震災。東京電力福島第一原子力発電所で事故

日本の転機は「終戦」ではなく「一九四〇年」？

日本の政治経済のシステムは、一九四五年（昭和二〇年）八月の敗戦を機に生まれ変わった――そんなイメージを持っている人は多いと思います。

しかし、経済学者の野口悠紀雄さんの著書『戦後経済史』（東洋経済新報社）によれば、日本の転機は一九四五年ではなく、一九四〇年（昭和一五年）ごろにあったとのこと。野口さんは、これを「**一九四〇年体制**」と呼んでいます。

一九四〇年といえば、日米が抜き差しならない関係になり、開戦に向けて総力戦体制が整えられ始めたころです。

それに向けて、多岐にわたる制度変更が行われました。例えば税制面では、ドイツに次いで世界で二番目に**源泉徴収制度が導入され、所得税の徴収が強化されました。法人税が独立の税として確立された**のもこの時期です。

税体系が間接税中心から直接税中心に変わり、課税主体も地方自治体から国に置き換わりました。いわば**税制の中央集権化が進んだ**ということでしょう。

また一九四二年（昭和一七年）に制定された「日本銀行法」の第二条には、「日本銀行ハ専ラ国家目的ノ達成ヲ使命トシテ運営セラルベシ」とあります。これも戦時経済体制の理念を表していると指摘しています。

民間企業も、国策によって保護・再編されました。その典型が**電力会社**で、それまで多数存在していましたが、一九三九年（昭和一四年）に誕生した国策会社、日本発送電の下、**地域ごとに九つの配電会社に再編されました。**それが今日もある九つの電力会社の原点です。

今日の日本を代表する自動車メーカー、電機メーカー、鉄鋼メーカーも、当時の政府による保護や再編によって急速に事業を拡大します。日本近代史が専門で『敗北を抱きしめて』（岩波書店）などの著書のある歴史学者ジョン・ダワー氏は、（日本の大企業について）「純粋に戦後生まれの企業は、ソニーとホンダしかない」と語っているそうですが、野口氏はこれを「正しい見方」として、「戦後日本の大企業の多くは、戦時中に政府の手で作られたり、軍需で急成長した企業なのです」と述べています。

農業にしても、一般には戦後のGHQによる「農地改革」で生まれ変わったと思われがちです。しかし、実は一九四二年に制定された**食糧管理法**が改革の原点だったらしい。**小作人はコメを地主にではなく国に納め、地主には国から「小作料」として現金が支払われる仕組みに変わった**のです。これにより、すでに戦時中から農村の生活水準はかなり向上したそうです。

要するに、**来るべき戦争に向け、日本のあらゆる資源を国が吸い上げて総力戦体制を整えた。**経済を政治の力でコントロールしようとした。これは明らかに社会主義の発想ですが、それが「一九四〇年体制」というわけです。

戦後復興は「一九四〇年体制」が成し遂げた!?

面白いのは、この「一九四〇年体制」が戦後日本の復興と高度経済成長を支えたという指摘です。

象徴的なのが、銀行のいわゆる「**護送船団方式**」でしょう。「一行《いっこう》たりとも潰《つぶ》さない」という**大蔵省の方針の下、預金金利も貸出金利も政府が決めて競争が起こらないようにした**。体力のない銀行でも経営が成り立つようにしたので、体力のある大銀行は余計に儲けることができたわけです。

「**傾斜生産方式**」も有名だと思います。終戦直後、当時の基幹産業だった石炭と鉄鋼をいち早く再生させるため、**資金や労働力のような限られた資源を重点的に配分**したのです。統制的な経済でなければ不可能な政策でしょう。

あるいは**輸入品に高い関税をかけたり、国内企業の外貨獲得を制限したりして国内産業を保護しました**。日本の官僚は優秀だったので、統制的な経済政策を次々と打ち出すことで、一方で外国政府や外国企業とのやりとりの矢面に立って戦いながら、一方で国内産業の育成に力を注いだわけです。

考えてみれば、新幹線にしろ高速道路にしろ各地のダムにしろ、政府が主導して土地を買い上げ、資金や資材や労働力を注ぎ込んだからこそ、一気に建設することができたのです。戦争遂行のために生み出したエネルギー吸い上げシステムを、戦後も温存して経済発展に利用したと言えるでしょう。その結果、戦後の焼け野原の状態から、わずか二三年後の一九六八年にはアメリカに次ぐ世界第二位の経済大国にまで上りつめたわけです。

かつて私は、なぜ戦前の教育を受けた人たちが戦後の復興や高度経済成長を成し遂げることができたのか、不思議に思っていました。彼らは全体主義的な戦前教育を受けていながら、戦後の民主主義をあっさり受け入れた。そして経済を理解し、成功を収めた。その要因が何なのか、よくわからなかったのです。

そのカギが「一九四〇年体制」にあると言われると、連続性が見えてきます。**戦争遂行の情熱をそのまま経済に注ぎ込めば、たしかに凄まじいエネルギーになるはずです。**

言い換えるなら、日本人は敗戦とともに価値観やアイデンティティをすべて失ったわけではないということです。民主主義へと変わったかもしれませんが、「日本を復興させよう、よりよい国にしよう、そのために懸命に働こう」という精神は変わらなかった。**戦争から経済へエネルギーの照準を変えただけ**、とも言えます。

会社は「運命共同体」であり「家族」である

そしてもう一つ、経済のみならず経営のあり方も戦時中に原形がつくられた面があります。いわゆる「**日本型経営**」です。

「年功序列」「終身雇用」が日本型経営の特徴と言われますが、その結果として、**経営者が内部昇進によって誕生することも大きな特徴です。**つまりは、労働者がトップに立っているわけです。これは、今日の多くの企業でも変わりません。

しかし、もともと戦前の企業は、株主の意向で外部から経営者を招くのが一般的だったそうです。それが変わったのは、一九三七年（昭和一二年）に制定された**臨時資金調整法**、一九四〇年（昭和一五年）の**銀行等資金運用令**、一九四二年（昭和一七年）の**金融統制団体令**等が要因とのこと。

政府は企業の資金調達について、それまでの**株式発行による直接金融から、銀行からの貸出による間接金融への変更を図りました**。政府としては、銀行をコントロールすることで資金を軍需産業に集中させるとともに、銀行を通じて間接的に民間企業を支配するようになったわけです。その結果、株主の影響力が低下した企業では、経営者自らが後継者を選べるようになった。だから社内から叩き上げの社長が誕生するようになったそうです。

また労働組合についても、戦前には西欧各国と同様、産業別・企業横断型の組織がありました。しかし一九四〇年、政府主導で**大日本産業報国会**が組織され、既存の労働組合は次々と解散させられた。そして戦後、GHQは民主化政策の一環として労働組合の結成を奨励しますが、すでに産業別の組織は存在しません。だから**大日本産業報国会をもとにして、企業別の労組が誕生した**というわけです。

これにより、日本の企業では労使対立が起こりにくくなりました。むしろ、いざとなったら経営側と一体化して協力し合うのが常です。経営側ももともと労働側だったので、なかなか線引きできないことも一因でしょう。それに何より、日本人にとって会社とは、単に「仕事をする場」「給料を得る場」ではなく、「仲間内」であり「運命共同体」であり、人によっては「家族同然」だったことも大きいと思います。

同書で、野口さんは以下のように指摘します。

〈日本型経営の企業は「経営トップから現場の作業員まで、全員が共通の目的のために協力する」という意味で、軍隊と同じ性格の組織です。ここで言う共通の目的とは、まず組織としての生き残りであり、次に同業界の競合との戦いに勝ち、シェアを拡大することです。こうしてみると、会社に強い忠誠心を持って働く日本企業の従業員を指す「企業戦士」という言い方は、比喩以上の意味を持っていることがわかります。〉

単純に商才という点で見れば、日本人がどれほど長けているかはわかりません。華僑を生んだ中国人も上手い気がします。日本人は、「一致団結」して難局を乗り切る能力に長けていた。しかも戦争と違って、経済はがんばればがんばるほど豊かになり、それを全員で分かち合える。いつしか、この道を追求するしかないと気づいたのではないでしょうか。

「石油ショック」から早々に立ち直った理由

戦後復興の勢いを持続したまま、日本は高度経済成長を実現します。さらには、一九七三年（昭和四八年）と一九七九年（昭和五四年）の二度にわたって世界を見舞った**石油ショック**に際しても、日本はいち早く〝ショック〟を吸収して立ち直ったのです。

第一次石油ショックは、一九七三年一〇月に勃発した第四次中東戦争を機に、石油輸出国機構（OPEC）に加盟するペルシャ湾岸の六ヵ国が原油価格の大幅な引き上げを発表したことに端を発します。中東の石油に依存していた先進各国は、原油価格の急騰による激しいインフレに直面しました。

日本も例外ではありません。折からの「日本列島改造論」とも重なって物価が急騰し、経済が急減速して、翌**一九七四年（昭和四九年）には戦後初めてマイナス成長を経験します。高度経済成長の時代は、ここで終焉を迎えた**わけです。

当時は社会も個人の生活も大混乱となりました。「狂乱物価」と呼ばれるほど、物価は軒並み上昇します。とりわけ象徴的なのがトイレットペーパーの買い占めでしょう。出どころは不明ながら「石油ショックで紙が不足する」とのデマが流れ、誰もがスーパーなどに殺到してトイレットペーパーを買い漁ったのです。実際のところ生産量は安定していたらしいのですが、価格だけは急騰しつつ、店の在庫は片っ端から消えていきました。全国的なパニック現象だったわけです。

あるいは省エネのために各テレビ局が放送時間を短縮したり、街のネオンサインが早々に消されたりといった動きもありました。エネルギー安全保障の観点から、**電力の主力を石油火力から原子力へシフトしようと動き出すのも、このころです。**

しかし翌一九七五年（昭和五〇年）以降、日本のインフレは収束に向かいます。官民挙げて徹底的な「省エネ」に取り組んだことが奏功したと言われていますが、それだけではありません。労働組合が経営陣に協力し、インフレ下でも相応の賃上げを要求しなかったことも一因です。

インフレに合わせて給料も上がれば、実質的に社員の生活水準は維持できます。しかし会社側はコストがかさむため、その分を商品価格に上乗せせざるを得なくなる。それは会社単位で見れば競争力の低下につながるし、経済全体で見ればインフレを助長することになる。ますます給料を上げざるを得なくなるというスパイラルに陥るわけです。

一方、インフレ下で給料の伸びを抑えれば、実質的には賃下げです。社員の生活は苦しくなりますが、会社のコストは抑えられ、競争力を保つことができる。個々の労働組合が自社の経営に配慮してそう判断したため、結果的にインフレのスパイラルに陥らずに済んだ、というわけです。

自分よりも会社全体の利益を優先する、まさに「運命共同体」としての道を選択したということでしょう。第二次石油ショックの際も、こうした成功体験を活かし、軽微な影響で乗り切っています。

組織のために自分を犠牲にするというメンタリティは、良かれ悪しかれ日本人に連綿と受け継がれてきたように思います。本書の冒頭に登場した武士たちも、戦時中に学徒出陣や特攻作戦で死んでいった若者たちもそうでした。そのメンタリティが戦後も存続し、またしても国家の危機を救ったということです。

これは一九七〇年代の話ですが、今日のビジネスパーソンでも、共感する人は多いのではないでしょうか。国家であれ会社組織であれ、全員が同じ船に乗っているような感覚は、多くの日本人が共有しているような気がします。そして、危機があればただちに「一致団結」する。そのメンタリティを政治的に巧みに誘導したのが、「一九四〇年体制」だったわけです。

「一億総中流」の時代へ

国家や会社に対して「運命共同体」という意識を持っていたのは、庶民ばかりではありません。富裕層や経営者もまた、庶民以上に使命感や責任感を負っていたように思います。それを如実に示すのが、所得税の税率です。

所得税は所得の多い人ほど高い税率を課される累進課税方式ですが、一九七四年（昭和四九年）以降、その最高税率は七五％でした。住民税の最高税率一八％と合わせると、実に所得の九三％を国と地方自治体に支払っていたわけです。実際、例えば**松下幸之助**※はこれぐらいの税金を払っていたと言われています。ちなみにその後、最高税率は少しずつ緩和され、一九九九年（平成一一年）以降は三七％（住民税と合わせて五〇％）、二〇一五年（平成二七年）以降はやや上がって四五％（同五五％）と

※**松下幸之助**　一八九四〜一九八九年、実業家。一九一八年に松下電気器具製作所（現・パナソニック）を創業。一代で大企業に育てた手腕から「経営の神様」と称される。晩年の七九年には、国家的な人材育成を目指して「松下政経塾」を設立。

なっています。

当時、これだけ高い税率が存在したということは、富裕層がそれを受け入れていたということでもあります。**「持てる者が出すのは当たり前」という平等意識、同胞への思いやり、責任感が存在していたということでしょう。**

あるいは百田尚樹さんの小説『海賊と呼ばれた男』（講談社）のモデルになった出光興産創業者の**出光佐三**《いでみつさぞう》※のように、単独でイギリスの石油メジャーと戦うほどの気骨を持った経営者もいました。戦後日本がこういう富裕層や経営者に支えられたことも、忘れてはならないと思います。

その結果、一九七〇～八〇年代には、誰もが自分の生活水準を中流だと思うようになりました。いわゆる**一億総中流の時代**です。

一九五八年（昭和三三年）から内閣府が毎年一回行っている「世論調査」には、自身の生活程度を「上」「中の上」「中の中」「中の下」「下」「わからない」の選択肢から選ばせるという設問があります。このうち「中の上」「中の中」「中の下」との回答は、一九六〇年代ですでに八割超、七〇年代に入ると約九割となっています。だから「一億総中流」なのです。

あくまでも「意識」の問題ですが、それだけ豊かで格差が少なかったということでしょう。彼らが大量生産・大量消費社会を支え、経済を回していました。これは社会主義国が目標とする社会ですが、それを資本主義国であるはずの日本は実現してしまったわけです。

たしかに一九六〇年（昭和三五年）生まれの私にも、七〇年代には地域の暮らしがどんどん豊かになったという実感があります。六〇年代には一家で六畳一間の長屋のような住宅に住むことも珍しくなかったのですが、七〇年代に入ると一軒家が続々と建ちはじめた覚えがあります。その傾向は八〇年代も続き、小学校の同窓会で久々に会った友人から「働き出して家を建てたから遊びに来て」と自慢気に誘われたことがよくありました。がんばって働けばかならず豊かになれる、しかもその状態が未来永劫《えいごう》にわたって続くと信じられていた時代だったのです。

成功体験の〝傲り〟がバブルを生んだ

ところが一九八〇年代は、こういう成功体験が〝傲《おご》り〟を生んだ時代でもありました。がんばれば豊かになれることは間違いないのですが、がんばらなくてもそこそこ豊かになれるようになったということです。

例えば「年功序列」「終身雇用」とは、特にがんばらなくても、自動的に肩書も給料も上がっていくということです。その分、他の誰かが社内でがんばっているわけですが、それによって待遇に大きな差をつけないのが「日本型経営」の特徴です。

※出光佐三　一八八五～一九八一年、出光興産創業者。一九五三年、イギリスに経済封鎖されていたイランにタンカー日章丸を極秘裏に送り込み、石油を直接買い付けて無事帰還させた（日章丸事件）。

一方、消費面では「三種の神器（電気冷蔵庫・電気洗濯機・白黒テレビ）」「新・三種の神器（クーラー・自家用車・カラーテレビ）」ともに手に入れ、「特に欲しいものはない」という飽和状態になります。つまり預貯金が増えていくわけですが、そこでブームとなったのが「財テク」という使い道です。上昇を続ける株や土地に投資して、いわば「楽をして儲けよう」ということです。

折も折、八〇年代は日本経済の絶好調期でした。GDPはすでにアメリカに次いで世界第二位であり（現在はアメリカ・中国に次いで第三位）、国民一人あたりGDPも一九八八年（昭和六三年）にはスイス、ルクセンブルクに次いで世界第三位まで昇りつめます（現在は二〇位台）。

一九八五年には**「プラザ合意」**（先進五ヵ国蔵相・中央銀行総裁会議において、ドル高是正に向けて各国が協調することで合意。ニューヨークのプラザホテルで開催されたことから、この名がある）によって「円高不況」に見舞われますが、メーカー等は工場を海外に移転するなどして対応。また円高を利用して、三菱地所がアメリカのロックフェラーセンタービルを、ソニーが映画会社コロンビア・ピクチャーズを、松下電器産業（現・パナソニック）が総合娯楽企業MCAを、といった大型買収が相次ぎ、日本企業の存在感を世界に示すことになりました。アメリカの社会学者エズラ・ヴォーゲルの著書『ジャパン・アズ・ナンバーワン』がベストセラーとなり、特にそのタイトルが時代を象徴するコピーとしてよく引用されたのも、このころです。

一方、日銀は円高不況の回避とアメリカが要求する内需拡大のために大幅な金融緩和政策を続けますが、これが市場の金余りを招き、株や土地への過度な投資を招きます。とりわけ都市部の地価については「永遠に上がり続ける」という「土地神話」が流布され、そこに個人の「財テク」の資金も流入しました。これが、いわゆる**バブル経済**です。

野口さんによれば、バブルとは「役割を終えた一九四〇年体制の最後の悪あがき」だったとのこと。例えば金融の自由化が進み、企業は国内外からさまざまな手段で資金調達が可能になったにもかかわらず、日本の銀行は従来型のビジネスモデルから転換できなかった。とりわけ日本長期信用銀行、日本興業銀行、日本債券信用銀行の長信銀三行はその典型で、金余りの中で手っ取り早く収益を上げるために不動産融資に注力した。こういう動きがバブルを招いたというわけです。

バブル崩壊で「非正規労働」の急増へ

もちろん、株価も地価も永遠に上がり続けるということはありません。一九九〇年代に入ると、軒並み下落していきます。いわゆる**バブル崩壊**です。以後、日本経済は「失われた二〇年」と呼ばれる低成長の時期に入っていきます。ここから先は「現代史」というより「現代」なので、私の「現代観」を述べてみたいと思います。

「失われた二〇年」は、単に景気が伸び悩んだだけではありません。日本人の働き方や生活スタイル、それに精神のあり方までを大きく変える二〇年間でした。

土地を担保に取って莫大な融資を行ってきた銀行は、バブル崩壊で融資先の事業がうまく行かず、

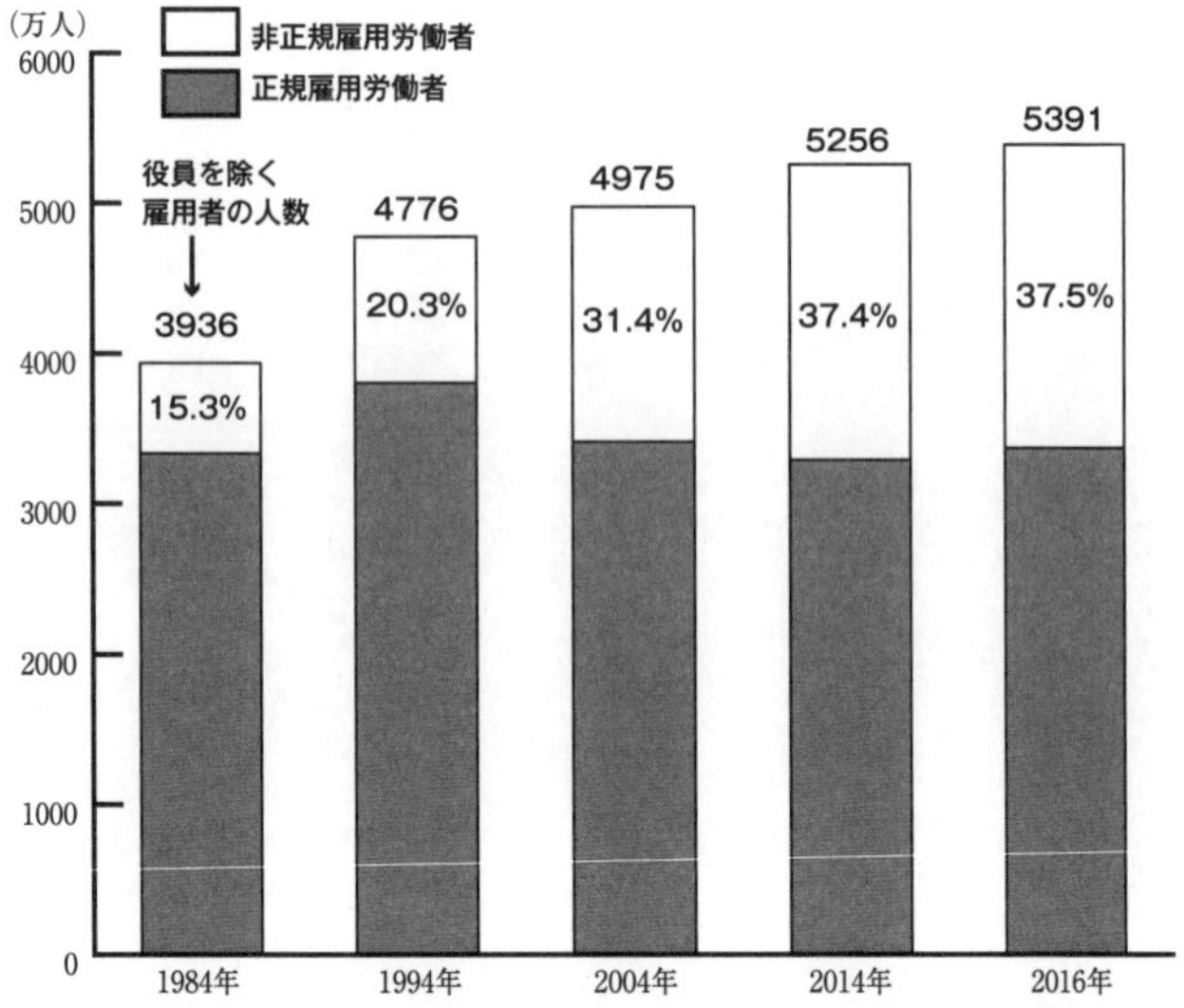

正規雇用と非正規雇用の推移（総務省「労働力調査」を参照し作成）

また地価も大幅に下落することで資金を回収できず、**多額の不良債権を抱えることになります。**

そこで銀行は経営体質を改善するため、融資を抑えたり（いわゆる「貸し渋り」）、融資先から強引に回収したり（いわゆる「貸し剝がし」）します。特に中小企業の場合、これによって倒産に追い込まれたケースも少なくありません。

体力を落とした企業は、雇用で調整を図ろうとします。つまり**正社員を減らし、できるだけパートやアルバイト、派遣社員といった非正規雇用で賄うわけです。**実際、総務省の「労働力調査」によれば、一九八九年（平成元年）の時点で全雇用者に占める非正規の割合（非正規比率）は約一九%でしたが、その後はほぼ一貫して上昇し、二〇一七年（平成二九年）一～三月は三七・三%に達しています。もはや雇用者五人のうち二人近くは非正規ということです。

もちろん、個人のライフスタイル等によって、自ら非正規の働き方を望む人も多いと思います。しかし正規を望みながら、なれない人も多数いる。それが問題なのです。正規と非正規の最大の違いは、ありていに言えば「会社が当人を守るか否か」。後者の場合は必要なときだけ安く買い叩かれ、いくら一生懸命に働いても給料は上がらない。それどころか、不要になれば本人の意思とは無関係に契約を解除される。これでは収入が安定しないし、したがって将来設計も描きにくくなるでしょう。

これは、本人の働く意欲にも影響を及ぼすはずです。ひと昔前のように、会社を「運命共同体」と見ることはできません。その会社のためにがんばるというより、ただおカネを稼ぐために働くという感覚になりやすいのではないでしょうか。数字で表せるわけではありませんが、それは会社組織としても生産性の低下につながっている気がします。

では正規社員の待遇が向上しているかといえば、そうでもない。ただちに解雇されることはありませんが、非正規が増えるにつれて指導・監督など責任や仕事量も増え、長時間労働が当たり前になっていたりする。そのストレスから心の病を抱える人が増えていることは、周知のとおりです。

「中流」が減れば経済も沈む

こうした変化の背景にあるのは、経営環境の厳しさだけではなく、**従来の「日本型経営」に対する自信の喪失**でしょう。全員でがんばって全員で果実を分かち合うというシステムはムダが多すぎる。

もっと合理化を図って筋肉質にすべきだ、というわけです。

その〝手本〟となったのが、アメリカ型の株主資本主義的な考え方です。株主が経営を監視・評価することで、経営者はとにかく利益を上げ、配当を上げ、株価を上げることに注力する。そのためにはコストを抑えるのがもっとも手っ取り早いので、人を削ろうという話になりがちです。

例えば年収六〇〇万円の正規社員が担っていた仕事を、二〇〇万円のアルバイトに振り向ける。その差額の四〇〇万円を利益に計上したり、株主配当に回したりすることで、この経営者は優秀とされ、信任を受けて次期も経営を担えるわけです。たしかに株式会社の本来の意義を考えれば、これは正しいのでしょう。

しかし日本の会社は、これまで株主よりも社員を意識する傾向がありました。資本主義国家の株式会社ではあっても、その論理だけで動いてきたわけではありません。それよりも、家族的な経営を重視してきた面があります。それを株主重視の経営に切り替え、短期的な利益を追求することで、どれだけの人がメリットを享受できるのでしょうか。

社会全体に視線を転じれば、非正規の増加は「中流」の喪失と格差の拡大を意味します。一九八〇年代まで、国民の九割が中流意識を持っていたことは前述したとおりです。実は昨今でも、この数字自体はあまり変わっていません。

しかし「相対的貧困率」という数字で見ると、**貧困層が確実に増えている**ことがわかります。

これは、一世帯の可処分所得（収入から税金・社会保険料等を除いた手取り収入）を一世帯の人数の

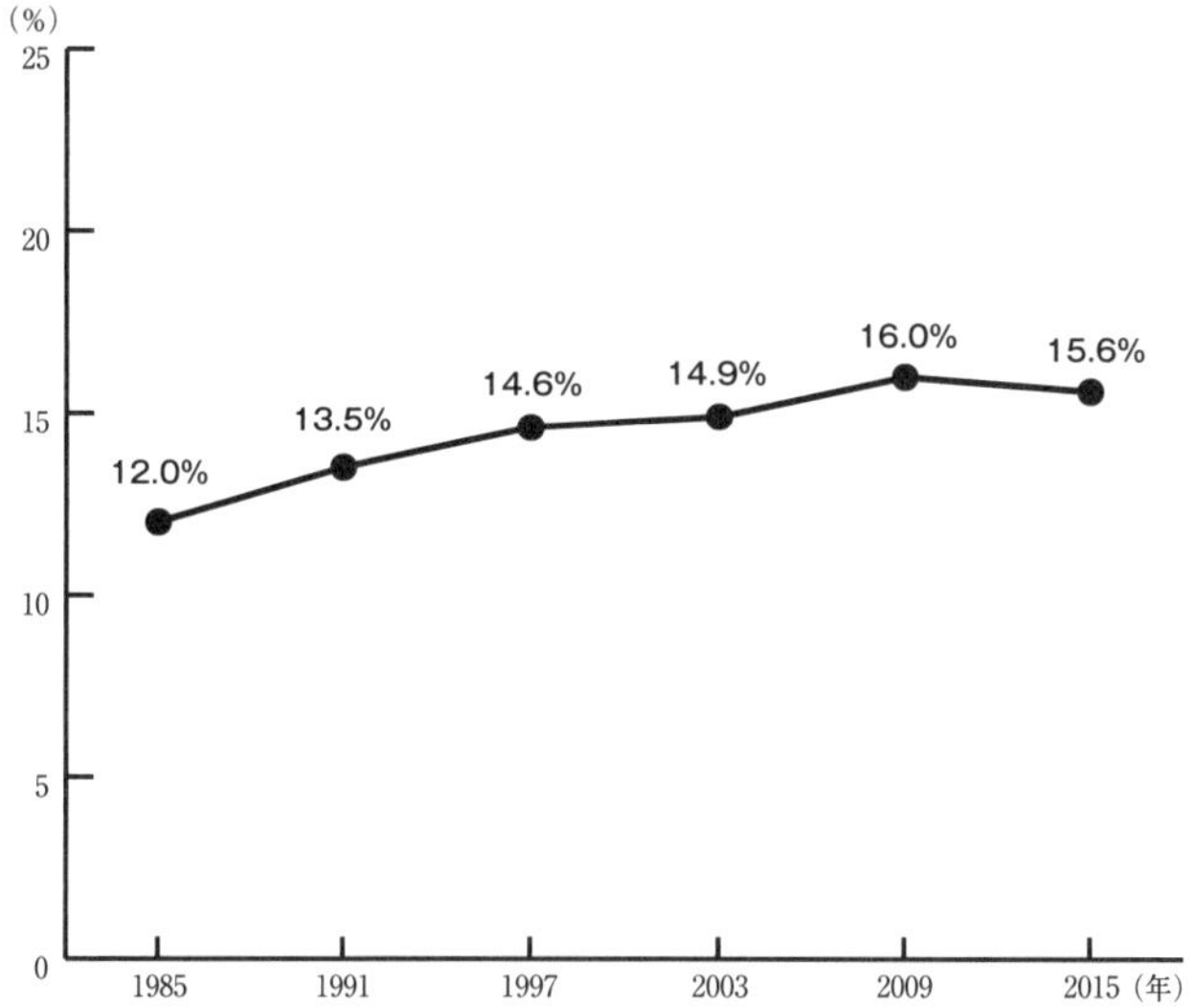

相対的貧困率の年次推移（厚生労働省「国民生活基礎調査」を参照し作成）

平方根で割った値（家族一人あたりの可処分所得）の中央値（値を順番に並べたときに中央になる値。平均値ではない）を基準とし、その半分に満たない世帯を相対的貧困層と定義して全体に占める割合を算出したものです。

厚生労働省の二〇一六年（平成二八年）「国民生活基礎調査」によると、二〇一五年（平成二四年）の数値は一五・六％。データのある一九八五年（昭和六〇年）の一二・〇％以降、ほぼ一貫して上昇しています（ただし二〇一五年は前回調査の二〇一二年時の数値一六・一％よりは低下）。

「中流」が減少すれば、消費も減退します。それによって生産が落ちればますます中流が減るというスパイラルに陥りかねません。貧困や格差は当人だけではなく、社会全体の問題なのです。

しかも着目すべきは、大人一人と子どもの世帯（主に母子家庭または父子家庭）の実に五〇・八％

が相対的貧困の状態にあるということです。一人で子育てをしている世帯の約半分が経済的に厳しい状況に置かれているわけです。日本の将来を考えれば、これはかなり深刻ではないでしょうか。

さらにOECD（経済協力開発機構）に加盟する三四ヵ国で比較すると、日本の相対的貧困率の高さはワースト六位、一七歳以下の子どもだけで比較してもワースト一〇位、前述の大人一人と子どもの世帯では最下位です（『平成二六年版　子ども・若者白書』）。世界第三位（OECD中では第二位）の経済規模を誇りながら、なぜその恩恵を子どもや社会的弱者に振り向けることができないのか、不思議に思うのは私だけではないでしょう。

若者・子育てに冷淡な日本

若年層や一人で子育てをしている親が非正規労働にしか就けず、貧困で苦しんでいる。以上のデータからは、そんな日本の現状が浮かび上がってきます。だとすれば、なかなか希望を持ちにくい社会といえるでしょう。

実はここに、日本にとって大問題である「少子化」の大きな原因がある気がします。たしかに収入が低い上に安定しないとなれば、なかなか結婚・子育てをしようという気にはなれないはずです。おかげで、日本の合計特殊出生率（一人の女性が一生のうちに産む子どもの平均数）はずっと減少傾向にあり、二〇〇五年（平成一七年）には過去最低の一・二六を記録。その後持ち直したものの、二〇一五年（平成二七年）でも一・四五です。人口が増加も減少もせず、安定的に推移する合計特殊出生率を「人口置換水準」といい、日本の場合は二・〇七とされていますが、現状では大幅に下回っているわけです。

人口減少は経済の活力を奪います。労働力や消費マーケットの縮小を招くだけではなく、高齢化とともに若年層や現役世代の社会保障負担を増やすからです。そんな環境では、ますます子どもを育てにくくなるでしょう。

日本にかぎらず、少子化は多くの先進各国に共通する問題です。しかし政策的に出生率の引き上げに成功している国もある。その代表格がフランスでしょう。一九九〇年代に一・六五まで低下したものの、現状では二前後を維持しています。育児休業や保育所の充実といった環境整備もさることながら、家族手当などの給付と、所得税減税や教育無償化などの負担軽減が大きな要因のようです。

フランスだけではありません。イギリスやスウェーデンなども国家として真剣に取り組んでいます。それに比べて日本は明らかに遅れている。それを如実に示すのが、「家族関係社会支出の対ＧＤＰ比の比較（二〇一三年度）」です。子育てを支援するために国がどれだけ支出をしているかを比べたものですが、それによるとフランス、イギリス、スウェーデンはいずれも対ＧＤＰ比で三％前後も支出しています。それに対して、日本はわずかに一・三四％。「子育てに冷淡」と言われても仕方がないでしょう。

見方を変えれば、日本にはまだ打つ手があるということです。例えば、高齢者には資産家も少なく

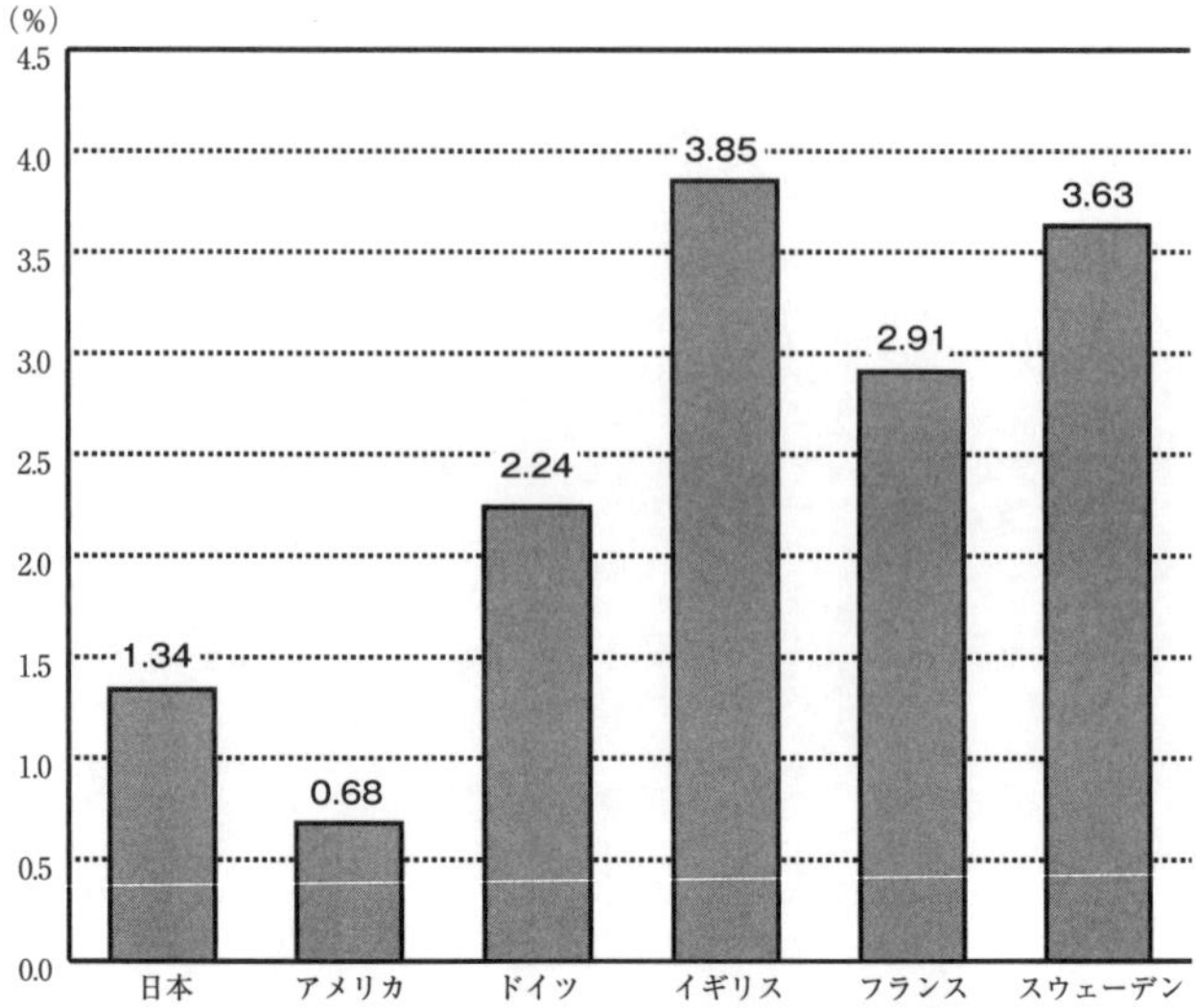

各国の家族関係社会支出の対GDP比の比較
（内閣府「家族関係社会支出〈各国対GDP比〉」を参照し作成）

ありません。日本の個人金融資産の合計は一八〇〇兆円ありますが、その六割以上を六〇歳以上が保有していると言われています。その上、六五歳以上になれば年金が支給されるのです。高齢者のうち、十分な経済的余裕のある層に対しての手厚い保障を削減し、若年の貧困層や子育て世代に振り向けたとしても、バチは当たらないでしょう。

こういう政策は、子どものいる世帯だけが得をするという話ではありません。仮に合計特殊出生率を二まで戻すことができれば、先ほど述べたことの逆回転が起こります。つまり経済が活性化し、社会保障負担が減る一方で給付が充実する。誰にとってもマイナスはないはずです。

「必死でがんばる」がすべて

以上は国家として取り組むべき話なので、政治が決めることです。格差や貧困は自己責任の問題ではなく、政策的にある程度まで緩和できるはずです。むしろ政治とは、経済活動だけではカバーしきれない再分配機能のために存在するといっても、過言ではないでしょう。

ただしこれは、何でも政治に頼ればいいという話ではありません。前出の野口悠紀雄さんの『戦後経済史』は、その末尾で「頭の中にある四〇年体制」こそが問題と説いておられます。「一九四〇年体制」は、政府の号令一下、全員が必死でがんばったからうまく行った。しかし一九八〇年代以降になると、誰かのがんばりにあやかって自分はラクをしようという意識が芽生えた。つまりは「組織依存」であり「政府依存」です。この依存体質があるかぎり、個人も国家も未来を描けないということでしょう。

その点、私は最近の大学生を見ていて不安になることがあります。例えばアジアなどから来た留学生は、誰もが必死になって勉強しています。難解な日本語も覚え、日本企業に就職しようとか、母国に帰って日本との架け橋になろうとがんばっている。戦後の復興をなしとげた日本人や、さらに遡れば明治維新後の日本人もこんな姿だったのかもしれません。

これから歴史をつくっていくであろう日本の大学生に、そこまでの必死さは感じられません。例えば最近も、一日の読書時間が「ゼロ分」という大学生が約半数にのぼるという報道がありました。向学心や向上心がなければ、得られるものも「ゼロ」でしょう。概して豊かな環境で育ったために、「誰かがなんとかしてくれる」という依存体質が残っているのかもしれません。

明治維新以降、一五〇年間の歴史は苦闘の連続でした。しかしどの時代にも共通しているのは、**国や組織のために必死でがんばる人が少なからずいた**ということです。その熱量が周囲の人を感化し、良かれ悪しかれ歴史を動かしてきた気がします。

普段今の若者たちと接していて、彼らは真面目で、スイッチが入れば加速すると感じます。だとすれば、今の大学生たちも、近代化史を知ることで感化されるのではないか。やがて社会に出て必死でがんばり、今度は誰かを感化する側に回ってくれるのではないか。やや大げさに言えば、国難に際して助け合いの精神で協力を惜しまない人物になってくれるのではないか。

一五〇年の歴史を駆け足でたどり、その時々の有名・無名の先人たちに思いを馳せながら、私は今の大学生にそんな期待を抱くに至りました。

歴史をひもとけば、先人たちの知恵や知識を得ることができます。物語として楽しむこともできます。

そしてもう一つ、「自分もまずは必死でがんばってみよう」という気になれます。

それが、新たな歴史をつくる一歩にもなるのです。

終章のポイント

- 戦後日本の復興と高度経済成長、そして経営のあり方には、戦中との連続性がある。
- 石油ショックを乗り越えられたのは、「危機があればただちに『一致団結』する」という日本人の気質に負うところが大きい。
- 一九七〇年代は「がんばって働けばかならず豊かになれる、しかもその状態が未来永劫にわたって続く」と信じられていた時代だった。
- 日本経済の絶好調期だった一九八〇年代は、危うさを併せ持った「バブル経済」だった。
- 一九九〇年バブルが崩壊し、ここから「失われた二〇年」と呼ばれる低迷期が始まる。
- 金融機関の不良債権が膨らみ、非正規雇用が増え、貧困層が増加し、少子化が進むのが二〇〇〇年代。問題を解決するためにも、近現代史を知り、明るい将来への展望を共有することが大切。

〈さらに詳しく知りたい人のための参考文献〉

『アメリカの鏡・日本（完全版）』ヘレン・ミアーズ著、伊藤延司訳、角川ソフィア文庫
『ある明治人の記録』石光真人編著、中公新書
『いしぶみ』広島テレビ放送編、ポプラ社
『伊藤博文』瀧井一博著、中公新書
『裏切られた自由（上）』ハーバート・フーバー著、ジョージ・H・ナッシュ編、渡辺惣樹訳、草思社
『きけわだつみのこえ』日本戦没学生記念会編、岩波文庫
『岸信介証言録』原彬久編、中公文庫
『教養としての「昭和史」集中講義』井上寿一著、ＳＢ新書
『軍国日本の興亡』猪木正道著、中公新書
『蹇蹇録』陸奥宗光著、岩波文庫
『昭和史（上・下）』中村隆英著、東洋経済新報社
『昭和史　戦後篇』半藤一利著、平凡社ライブラリー
『漱石書簡集』三好行雄編、岩波文庫
『戦後経済史』野口悠紀雄著、東洋経済新報社
『田中角栄　その巨善と巨悪』水木楊著、文春文庫
『父が子に語る世界歴史　3』ネルー著、大山聰訳、みすず書房
『定本 想像の共同体　ナショナリズムの起源と流行』ベネディクト・アンダーソン著、白石隆・白石さや訳、書籍工房早山
『東京裁判』日暮吉延著、講談社現代新書
『閉された言語空間』江藤淳著、文春文庫
『日中国交正常化』服部龍二著、中公文庫
『日清・日露戦争をどう見るか』原　朗著、ＮＨＫ出版新書
『日本を決定した百年』吉田茂著、中公文庫
『パール判事の日本無罪論』田中正明著、小学館文庫
『氷川清話』勝海舟著、江藤淳・松浦玲編、講談社学術文庫
『明治大正見聞史』生方敏郎著、中公文庫
『もういちど読む日本近代史』鳥海靖著、山川出版社
『吉田茂＝マッカーサー往復書簡集』袖井林二郎編訳、講談社学術文庫
『レーニン全集　第31巻』マルクス＝レーニン主義研究所訳、大月書店
『わがいのち月明に燃ゆ』林　尹夫著、ちくま文庫

〈写真出典一覧〉

【1章】

19頁　Perry's visit in 1854. Lithography. 8 March 1854. New York: E. Brown, Jr., 1855-1856 https://commons.wikimedia.org/wiki/File:%D0%92%D0% B8%D0%B7%D0%B8%D1%82_%D0%9F%D0%B5%D1%80%D1%80%D0%B8_%D0%B2_1854_%D0%B3%D0%BE%D0%B4%D1%83.jpg

22頁『近世名士写真　其２』、国立国会図書館蔵

26頁　Bombardment of Kagoshima. "Le Monde Illustre", 1864.　https://commons.wikimedia.org/wiki/File:KagoshimaBirdView.jpg

36頁右『近世名士写真　其２』、国立国会図書館蔵

36頁左『近世名士写真　其１』、国立国会図書館蔵

【2章】

48頁　1888年3月、国立国会図書館蔵

54頁『近世名士写真　其２』、国立国会図書館蔵

57頁『珍らしい写真』、永見徳太郎 編、粋古堂、1932年、国立国会図書館蔵

58頁『珍らしい写真』、永見徳太郎 編、粋古堂、1932年、国立国会図書館蔵

61頁　今井敬太郎（百花堂）、1895年5月、国立国会図書館蔵

71頁『日本之名勝』、1900年、国立国会図書館蔵

【3章】

84頁　Go Fishing, Tobae, February 1887. Data: February 1887　"Empire of Comic Visions: Japanese Cartoon Journalism and its Pictorial Statements on Korea, 1876-1910", Jung-Sun N. Han, Japanese Studies, Volume 26, Issue 3 December 2006, pages 283-302.　https://commons.wikimedia.org/wiki/File:Coree.jpg

93頁『日清戦争写真帖』、陸地測量部撮影、小川一真出版部、1894-95年、国立国会図書館蔵

100頁『日露戦役海軍写真集. 第2輯』、坪谷善四郎編、博文館、1905-1906年、国立国会図書館蔵

112頁『故伊藤公爵国葬写真帖』、小川写真製版所、1909年、国立国会図書館蔵

【4章】

127頁『西伯利出兵史要』菅原佐賀衛著、偕行社、1925年、国立国会図書館蔵

128頁　WII database: Vladmir Lenin and Josef Stalin in Gorki, Library of Congress, LC-USZ62-111092　https://commons.wikimedia.org/wiki/File:Lenin_and_stalin.jpg

134頁『満洲事変写真帖. 1932年版』、南満洲鉄道株式会社総務部庶務課編著、南満州鉄道、1932年、国立国会図書館蔵

154頁　©SPUTNIK/amanaimages

【5章】

170頁　©ZUMA Press/amanaimages

179頁　US Department of Commerce photo from http://www.commerce.gov/opa/photo/DOC_100/100yrs/Gallery.htm　1925年

184頁『Constitution of Japan【GHQ草案】』、1946年2月13日、佐藤達夫関係文書31、国立国会図書館蔵

【6章】

205頁『歴代首相等写真』、国立国会図書館蔵

【ま行】

【や行】

【ら行】

【わ行】

【た行】

【な行】

【は行】

《索　　引》

齋藤　孝（さいとう・たかし）

1960年静岡県生まれ。東京大学法学部卒業。同大学大学院教育学研究科博士課程等を経て、明治大学文学部教授。専門は教育学、身体論、コミュニケーション論。

著書に『声に出して読みたい日本語』シリーズ（草思社）、『質問力』『段取り力』『コメント力』（以上ちくま文庫）、『齋藤孝のざっくり！日本史』（祥伝社黄金文庫）、『雑談力が上がる話し方』（ダイヤモンド社）、『齋藤孝の「伝わる話し方」――共感を呼ぶ26のコツ』『人生に効く 名著名作の読み方』『相手の気持ちをグッとつかむ　書き方の極意』（以上東京堂出版）ほか多数。

齋藤孝の　一気読み！日本近現代史

2017年9月10日　初版印刷
2017年9月20日　初版発行

著　　者　齋藤　孝
発 行 者　大橋　信夫
発 行 所　株式会社 東京堂出版
〒101-0051　東京都千代田区神田神保町1-17
電　話　(03)3233-3741
振　替　00130-7-270
http://www.tokyodoshuppan.com/
編集協力　島田　栄昭
装　　丁　斉藤よしのぶ
D T P　株式会社オノ・エーワン
印刷・製本　図書印刷株式会社

ISBN978-4-490-20972-3 C0021